江戸の〈長崎〉ものしり帖

松尾龍之介…………文・絵
Matsuo Ryūnosuke

◉弦書房

〈装丁〉毛利一枝

目次

巻の一　13

巻の二 51

巻の三

巻の五

はじめに

江戸時代の人々にとって、長崎は海外留学にも匹敵するあこがれの地であった。

当時自分の故郷を離れて他郷に学ぶことを遊学といい、なかでも長崎遊学といえば、出島と唐人屋敷があったので、西洋の新しい知識、あるいは漢学や唐音について、オランダ人やオランダ通詞また、唐人や唐通事などから直接学ぶことのできる唯一の場所であった。

この『長崎聞見録』は京都の医師広川獬《ひろかわかい》という人が、十七世紀後半、寛政年間に二度来遊したときの記録である。初回は寛政二（一七九〇）年から三年間、二回目は寛政七（一七九五）年から再び三年間、したがって彼は合計六年に渉って長崎に遊学したことになる。

これだけ滞在できたのは、彼が華頂親王の侍医という身分から比較的裕福だったこと、さらに彼自身は漢方医であったにもかかわらず、オランダ医学を修するに人一倍熱心だったことが考えられる。そういう彼が長崎滞在中に見聞したことを、『長崎聞見録』として出版したのは寛政十二（一八〇〇）のことであった。

ここで当時の長崎について簡単に触れておこう。

長崎におけるオランダとの貿易は寛永十八（一六四一）年、平戸からオランダ人が長崎出島に移されたときに始まる。その際、オランダ通詞も平戸から長崎に移住してきた。

彼等は当時の国際貿易用語としてのポルトガル語に長けていたのであるが、そのうち次第にオランダ語に馴染み、一七〇〇年代に入るとポルトガル語の使用は後退し、もっぱらオランダ語が使われるようになってきた。

といってもまだ「文法」という概念のない時代であり、

蘭会話には記憶力と直感だけが頼りだった。現在でも英会話には文法はそれほど必要ない。いざ向き合えば記憶した単語と直感で、ジェスチャーなどを交えればなんとか通じるものである。そういうあたりが、のち杉田玄白から「オランダ通詞といっても、口で言葉を憶えて通弁の用を足すぐらいで、誰一人として横書きの文字を学ぼうとはしなかった」などと、つけ入る隙を与えてしまったのであろう。しかし、それは間違いである。

オランダ通詞たちは幕府が鎖国政策に踏み込んだ寛永年間（一六二四～一六四四）から、オランダ人が書いた阿《お》蘭陀風説書《らんだふうせつがき》（当時の海外ニュース）を和文に翻訳するよう命じられていた。[*1]「横書きの文字」についても、江戸の蘭学者たちよりも遥か以前から取り組んでいたのである。

十八世紀も半ばになると、オランダ通詞たちはオランダ語から仕入れた知識を、ふんだんに利用してエンサイクロペディストとして活躍しはじめる。例えば松村元綱《まつむらげんこう》というオランダ通詞は若くして荻生徂徠《おぎゅうそらい》派に学び、漢詩にも漢学にも造詣が深く、かてて加えて蘭学にも通じていたので、安永七（一七七八）年、豊後から三浦梅園《みうらばいえん》（日本のカントとも称される）が長崎にやって来たとき、地動説から世界地理、プリニウスの博物学、聖書の内容にいたるまでの高度な会話を交わしている。松村はのち薩摩の島津侯から引き抜かれるほどの優秀な通詞だった。

また松村が親しかったオランダ通詞に、本木良永と吉雄幸左衛門がいる。本木は天文のジャンルでコペルニクスの地動説をはじめて日本に紹介した人とされている。その本木の『天地二球用法』（一七七四）を松村は監修している。

また吉雄は当時の通詞のなかでも最も活躍を見せた人物で、オランダ人の江戸参府を通して、江戸と長崎を往復することで江戸蘭学の素地をつくった。青木昆陽、野呂元丈、平賀源内、前野良沢、桂川甫周、中川淳庵、杉田玄白、大槻玄沢など江戸蘭学の基礎を築いた人々は皆、この吉雄の門下生である。

地元長崎では、最高峰の蘭学者・志筑忠雄《しづきただお》を育てている。この吉雄が亡くなるのが寛政九（一八〇〇）年なので、『長崎聞見録』の著者である広川は吉雄の晩年に接したことになる。

じつは吉雄は晩年の寛政二（一七九〇）年から五年間、「誤訳事件」[*2]に連座して蟄居《ちっきょ》を命じられている。したがって広川は第一回目に長崎に来た年に、吉雄が刑を言い渡されるというショッキングな場面を経験している筈なのだが、それについては彼は『聞見録』の中ではいっさい言及していない。彼が再度長崎遊学を企てた裏には、このような事情があったのかも知れない。つまり出直さなければならなかったのである。

広川が長崎で蘭方（オランダ医学）を学んだ証拠として、彼が残した著書『蘭療法』（一八〇三）、『蘭療薬解』（一八〇六）がある。

しかし、広川の面白いところは学問や医学の難解な部分はさて置いて、自分が長崎で見聞して、面白いと思ったところを収集して本に仕立てたところであろう。その好奇心は驚くほど多方面にわたり、長崎の風俗からはじまって動物、植物、食べ物、薬品、日用品、めずらしい道具、蘭人・唐人の様子、長崎聖堂、お墓、漂流民の話、奇怪な海の生き物などにまで及んでいる。

なかんずく感心させられるのは、それらを挿画にして後世に残した点である。これは彼自身が絵を描くのが人一倍得意だったからに違いない。実際、彼の著作『蘭例節用集』（一八一五）という国語辞典には、彼自らが作製したと思われる銅版画が載せられている。本文中に絵が挿入された辞典はこれが嚆矢《こうし》であるとされている。広川は時代を先取りした編集のセンスの持ち主でもあったわけである。

ところで広川獬という、けものへんの付いた不思議な名前について記しておこう。「獬」とは牛に似た想像上の神獣で、人が争うのを見ると悪い方を角で突き、論争を聞けば、不正な方にかみつくとされている。広川は、この正邪を分かつ能力がある動物に自らの理想をゆだねたのであろう。

『長崎聞見録』は全部で五巻からなる。一巻目は長崎の風俗、特産物などに当てられており、二巻目・三巻目は唐人の風俗習慣、生薬から生活用品までが事細かに述べられている。四巻目・五巻目はオランダ人の出島での様子、西洋渡りのめずらしい機器、コーヒー、外科用の道具箱などに言及する。

ただ挿画について言えば、あまり正確さは期待できない。それは長崎に行ったことのない京都の絵師たちが広川の話や下絵を元にして描いているので、かなりいい加減な部分がある。それでも、今日から見れば貴重なものが数多く含まれており、よくぞ挿画で残してくれたと広川に感謝しなければならないものも多く含まれている。

断っておくが、この本の中の挿画は著者によるリライトである。版木で刷られた線はどうしてもかすれるので、改めてペンで描き直した。また、わかりやすくするために漫画を挿入している個所もある。

最後になったが、底本は長崎文献叢書　第一集・第五巻『長崎聞見録』を使用した。

＊1　板沢武雄『日蘭交渉史の研究』吉川弘文館　昭和三十六年

＊2　「誤訳事件」とは一七九〇年、老中松平定信が対オランダ貿易において「商売半減令」を命じたにもかかわらず、オランダ通詞たちがオランダ側に気遣って、蘭文翻訳に手ごころを加えたことが発覚した事件。吉雄幸左衛門をはじめとする長崎のオランダ通詞の集団に大きな打撃を与えたとされている。

凡例

本文中《》でくくった個所は、原文のままか、現代文に直している。

挿画については、(原)の付いているものは原書から描き直したもので、それ以外はすべて著者が独自に付け加えたものである。

巻の一

巻の一は、長崎の風俗から入り、神事や盆祭、そして長崎で目にした動植物が紹介されているが、どういう訳か春の長崎名物「ハタ揚げ」が抜け落ちている。それは、オランダ船がやってくる季節の到来を、ハタを揚げることでいち早く確かめるとても大切な行事なのであるが、広川の目にはそんなものどうでも良かったのであろうか。

長崎を代表する民謡「長崎ぶらぶら節」は、次のように謡っている。

長崎名物ハタ揚げ　盆まつり
秋はお諏訪のシャギリで　氏子《うじこ》がぶーらぶら
ぶらりぶらりと　いうたもんたいちゅう

それに反して動物、魚貝類、そして植物についてはなかなか目配りが届いていて驚かされる。これは広川が本草《ほんぞう》学（博物学）をしっかりと学んでいたところから来るのであろう。

とくに感心させられたのは、長崎に自生している野菊のことである。野菊は専門家にあってもその同定は難しい。それを、「他国で称する野菊ではない」と一目で看破し、京都のキクタニギク（アワコガネギクとも言う）を小さくしたようなものであると指摘する。それはシマカンギクのことと思われるが、その眼力はたいしたものである。

また、ブタのことであるが、江戸期の人々はブタ肉など食べたことがなく、「豚」という字も使われておらず、野生のイノシシにたいして、「家猪」と書いて「ぶた」と読ませているところなど、時代の違いをまざまざと感じさせてくれる。

最後にモヤシのことである。現在ではなんでもないこの食材も、この時代、長崎から広まった。「ちゃんぽん」にもこれは絶対に欠かせない。しかし京都の絵師はそれを見たことがないものだから、何だか訳のわからない双葉をごまかして描くよりほか仕様がなかったようだ。

1　長崎風俗のこと

長崎の風俗について、広川のコメントはなかなか壷を押さえている。

《男女共に人品よろしく、応接や儀礼にはこころをこめて振る舞うが、その場を去っては、物事をなおざりにして、少しばかり行き届かないところがある。

なによりも酒肴の交わりを第一にし、特に魚類の多さでは天下一品の地である。夜は真夜中を過ぎても平気で夜更かしするが、その代わりに朝は八時、いや十時になっても寝ている人たちが多い。

長崎は南東に向いているせいで暖かく、冬でも炉を開かない家がほとんど。婦人たちは皆、琴・三味線をたしなみ、宴会が盛り上がると老いも若きも一緒になって弾いたり歌ったりする》

広川より少し前、長崎を旅行した橘南谿《たちばななんけい》は、『東西遊記』[*1]で次ぎのように記している。

「金銀が格別に行き渡っており、人々は皆歓楽にふけりつつ世を渡る。そのせいか、日夜飲み食いばかりを愉しみにして、身体を動かし汗を流すということがない…」

中岡益は『瓊浦通《たまのうらつう》』[*2]に「利にさとく贅《ぜい》を尽くす風があり、人々は華麗を貴び、質朴をいやしみ、表を飾り内容を捨ててしまっている」と書いた。

要するに長崎が享楽的な町であったことは否めない。夜中まで飲んで騒いだのは、男たちばかりではなかった。豊後の山中から出てきた三浦梅園は「長崎では女子が夜分ふけても自由に町を徘徊する」と、目を丸くしている。

ところで魚類は天下一品という指摘は有り難い。長崎県の漁業のおける生産額は平成十九年度の白書[*3]で見ても、北海道に次いで第二位。江戸時代には北海道は日本には入っていなかったので、文字通り長崎が天下一だったことがわかる。ことに新鮮な魚に縁遠い京都から来た広川にとっては、豊富な鮮魚はことさら驚きだったに違いない。

＊1　橘南谿『東西遊記』東洋文庫二四九　平凡社　昭和四十九年
＊2　中岡益『瓊浦通』長崎歴史文化博物館蔵
＊3　『長崎県水産白書』平成十九年度　長崎県水産部

2

諏訪神事

《祭の傘鉾《かさぼこ》の一、二を示す。
あとは推して知るべし》

おそらく「竹ん芸」の
ことだと思われる。

くんちの山車《だし》「唐船」と
思われるが、まるで
葵《あおい》祭の山車のように
車輪が大きい

(原)

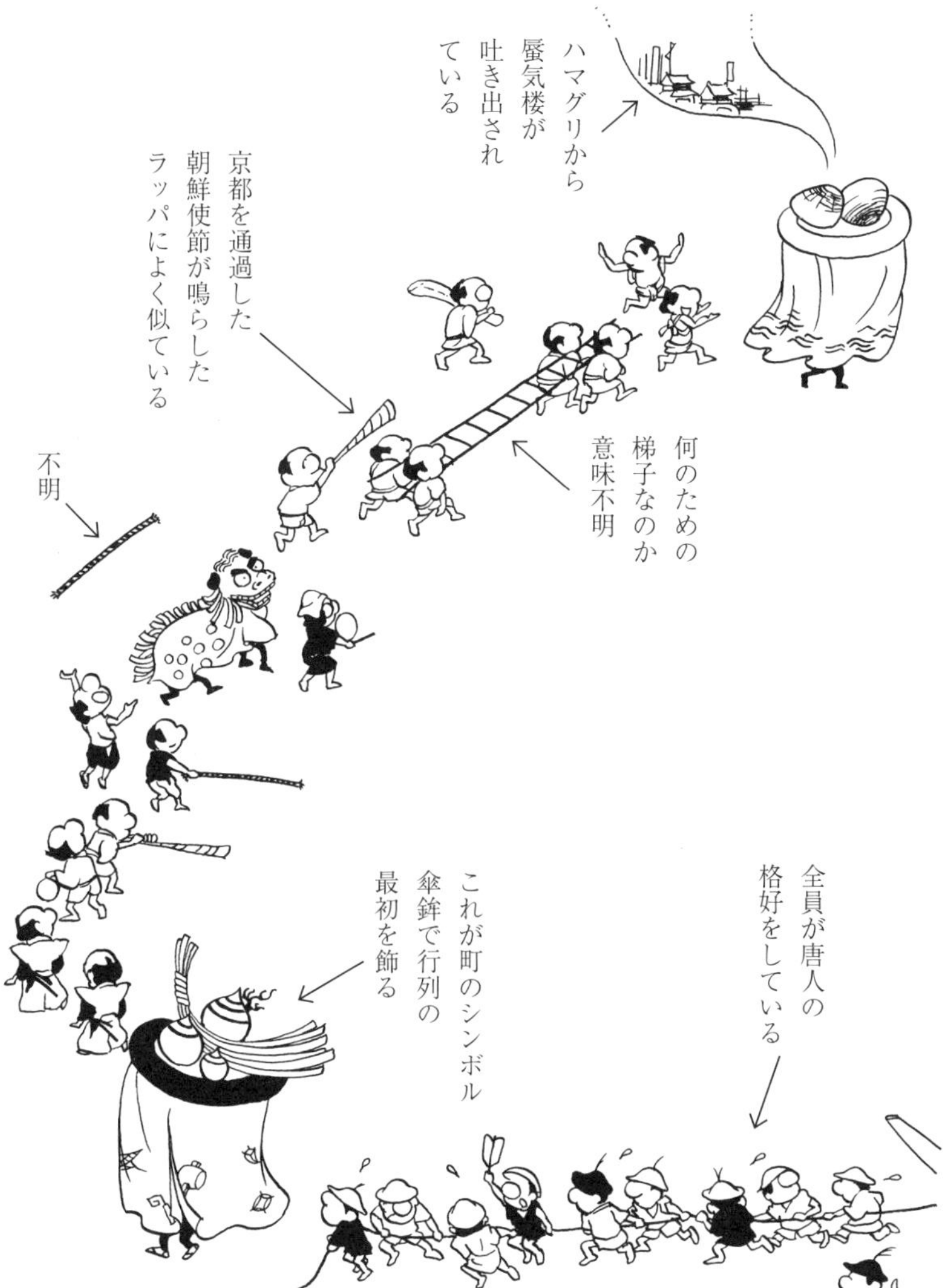
ハマグリから蜃気楼が吐き出されている
何のための梯子なのか意味不明
京都を通過した朝鮮使節が鳴らしたラッパによく似ている
不明
全員が唐人の格好をしている
これが町のシンボル傘鉾で行列の最初を飾る

《九月九日は諏訪大明神の大祭の日で、当地の人はこれを九日《くんち》の踊りと言う。じつは踊りではなく、各町内が思い思いに小児を集め、狂言の趣向を取り組んだもので、神前ではもとより、主立った役人の座敷でもそれぞれ催される》

そもそも「くんち」はキリシタンの残党を無くす意味で、官命により旧暦の重陽の日を諏訪大社の祭礼とし、これによって長崎市民はすべて諏訪社の氏子であるとみなされたのである。

祭りの圧巻は何と言っても奉納踊りである。踊町に当たる町は、六月初めから踊りの稽古場をもうけ、これを「小屋入り」といった。九月のついたちが踊り初めで、その夜は踊町では「庭見せ」といって、室内を飾り、秘蔵の書画什器をならべて見物人に開放して見せる習慣がある。これも、キリシタンをかくまっていないことを公表する行事の名残ともいわれている。

奉納踊りは現在では小児ではなくほとんど大人によって行われ、かつては役人の座敷前で行われいた踊りも、県庁前や市民公会堂前の広場などに変わっている。

《また傘鉾と称して、大きな傘をつくり、その上に様々なつくりものの趣向をこらし、それを各踊町の印として、町中を持ちまわる。この日は唐人や紅毛人も見物に来て、大変な賑わいを見せる》

図中にハマグリが蜃気楼を吐いている傘鉾が見えるが、これは築町《つきまち》の傘鉾である。

諏訪神事の挿画の特徴は構図にある。大きくカーブしながら彼方に去って行くのは一種の遠近法で、西洋画の影響があるのではないだろうか。

出島の医師だったケンペルの『日本誌』の中に、江戸参府の図があって、それがこの手法を用いている（一七〇頁参照）。『日本誌』は大通詞吉雄幸左衛門も持っていたので、或いは広川はそれを見たのかもしれない。

ただ、行列を詳しく見れば、京都の絵師が描いたものなので、御所車のような唐船だったり、朝鮮通信使のような喇叭《らっぱ》が登場して、長崎人にとっては、はなはだ興醒めする思いである。

3 扒龍《ぱいろん》（ペーロン）

《長崎では五月五日に船を漕いで競い合う。これを名づけてぱいろんと言う》

広川はペーロンに「扒龍」という難しい字を当てて「ぱいろん」と読ませている。「龍」は龍船《じゃぶね》のことで、「ぱい」という字は鎌を表し、ちょうど鎌で草を刈るように、櫂で水をかくのだと説明する。

《ペーロンの起こりはもともと唐にあって、昔、屈原《くつげん》*という人が五月五日に淵に入水したのを弔うためで行われていたのを、長崎の人々が真似ているのである。長崎の海沿いには三十六町（船手町ともいう）があって、その町々が水切りの良い船を造る。一艘の船におよそ三、四十人も乗って町々の旗印を立て、鐘や太鼓をたたき、掛け声を揃えて櫂《かい》でもって水をかく。

船の姿かたちは百足《むかで》に似て、矢よりも早く疾走する。また、船ごとに料理船を一艘づつ添わせ、勝ち負けが決まれば、皆で酒を飲む。見物の船が雲霞《うんか》のごとく集まって、歌ったり楽器を打ち鳴らしたりして、一日を楽しむ》

＊ 屈原は中国戦国時代の楚の人。政敵からねたまれ失脚し、汨羅《べきら》に石を抱いて投身したとされる。

この図も京都の絵師に描かせたものと思われる。本物のペーロンは矢のような舳先を持っているのだが、絵のものは普通の和船である。さらにはなはだしきは櫂《かい》であるべき竿が櫓《ろ》になってしまっている。これではペーロンではない。船に立てられた旗も、どういうわけか唐船の帆柱を飾ったもので、今は使われていない。

㊡

4　盆祭のこと

《七月十三日（旧暦）を迎え火、十五日を送り火といい、墓前に大きな提灯をかけ連ねるので、全体ではおびただしい数の提灯の灯が見られる。墓は四方の山々にあって、一家はもとより、親しみのある人の墓にも互いに参詣する。そのために墓の前に毛氈《もうせん》を敷き、重箱や酒を用意して参詣人に酒とご馳走をふるまう》

長崎のお盆の風景が述べられている。この光景は今日でもさほど変わっていない。ただ、緋毛氈を敷いて酒肴をふるまう光景はもはや廃れてしまった。そのかわりに墓地で花火をやる。子供達は線香花火であるが、大人たちはロケットのおもちゃのような矢火矢《やびや》という花火を打ち上げる。上空で炸裂してパーン・パーンという音がする。この音を抜きにして今日の長崎のお盆は語れない。

《送り火の十五日には、藁でちいさな船をつくり、仏壇に祭った様々なお供物をすべて包んで大きな船（精霊船）に積み込む。これにも提灯が掛け連ねてあり、それを担いで持ち運ぶ。大きな船になると二十メートル（十二間）もあって、十人、二十人という人が必要となる。逆に貧家の船は小さく、ひとりで持ち運ぶ。大波止という海辺で、火をつけて彼方へと押し流す。その無数の火が海面に輝いて流れゆく様は壮観である。この夜は寝る人はなく、暁ごろまで騒ぎ、賑やかなことである》

長崎のお盆の光景に目を見張ったのは、何も長崎を訪れた遊学者たちばかりではない。

精霊船が流される大波止の近くには出島があり、そこに住んでいたオランダ人たちもその夜景の美しさに感動の声を挙げている。天明期（十八世紀後半）にカピタンを勤めたティチングは次ぎのような文章を残している。

「この祭の光景は、大変美しく絵のような印象を与える。海に浮かべるために運ばれてきた小さな舟が、重なり合うようにたくさん集まって来るので、まるで丘から流れ出る火のほとばしりを見ているのではないかと思うくらいである。真夜中になって、さわやかな心地よい風が吹き出す頃には、これらの灯りが波に揺られて踊っているかのようにあちこちと流れてゆく様子はなんとも魅惑的である。町中の騒音や雑踏、港の波音、僧侶たちの読経の声がいっしょになって、想像もつかないような騒音をつくり出す。まるで港全体が鬼火に覆われたかのように見える」[*1]

オランダ人たちもこの夜ばかりは眠らないで、お盆の光景に見とれていたようだ。

『長崎名勝図絵』[*2]には次のようなことが書かれてある。

「ほとんどの長崎の人々が盂蘭盆会《うらぼんかえ》に霊魂を祀る中で、唐通事の家だけは例外である。彼らは清明《せいめい》祭りといい、毎年清明節のときだけ墓参をする。その時には酒肴を厭わず、鶏を裂き、豚を宰し、それぞれの墓参に供え、知人、盟友など多くが集まる。長崎の唐通事たちはその多くが明の時代に乱を避けてやって来たので、今なお中国の習慣を、守り続けているのである」。現在の長崎の「ランタンフェスティバル」は、これが発展したものである。

＊1　ティチング『日本風俗図誌』新異国叢書7　雄松堂出版　昭和四十五年

＊2　『長崎名勝図絵』長崎史談会　昭和六年

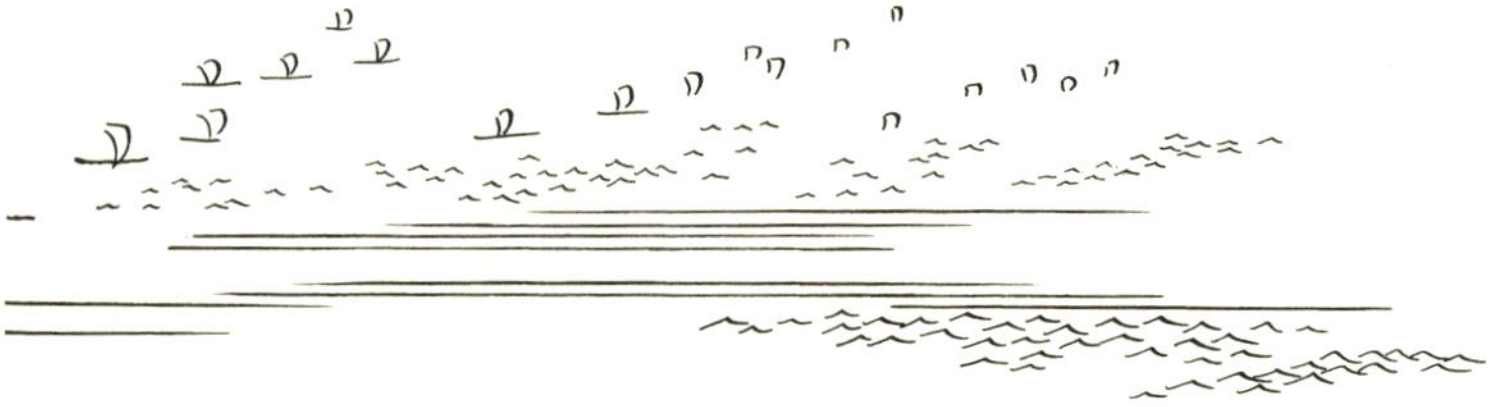

現代の精霊流しの行列の編成は、先頭に印灯籠、次に鉦が続く。印灯籠はさまざまで、これが行列の進行と停止を合図する。鉦が「チャンコン、チャンコン」と鳴ると、続けて「ドーイドーイ」と人々が唱える。鉦のうしろに遺族と精霊船が続く。

道中お浄めの爆竹が次々と鳴らされ、耳を塞ぎたくなるほど賑やかである。

原

5　麝香鼠《じゃこうねずみ》

《麝香鼠は唐より渡って来たもので長崎に多く、他国では見ることができない。この鼠の嘴《くちばし》は長く、匂いがある。昼目は弱く、夜に入って鳴く声はイタチに似ている。土地の人はこの鼠の声を耳にするのを吉兆としてよろこぶ》とある。

『和漢三才図絵』*1によれば「長崎に変わったネズミがいる。大きさは家ネズミの小さいものぐらいで、口先は尖りいつも台所で食物をぬすむ。身体には臭気があって近づくことができない。猫も臭を嫌って捕らえようとはしない。近世になって外国から来たもので、ただ長崎だけにいて他所で繁殖しないのはどうしたわけだろう」と書かれている。

『長崎集』*2によれば、明暦二（一六五六）年、オランダ東インド会社総督府のあるバタビア（ジャワ島）から蘭船に乗って渡ってきたと明記されている。こんな小動物の渡来年が、これだけはっきりしているのはめずらしいのではなかろうか。なお同種のネズミが薩摩にも生息しているが、それは琉球から渡ってきたので「琉球ネズミ」と呼ばれているとも書かれてある。

麝香鼠は食虫目のトガリネズミ（口先が尖っている）のことで、亜熱帯産のためであろうか、長崎では明治ごろ絶滅してしまった。

＊1　寺島良庵『和漢三才図絵』東洋文庫　平凡社　一九八五年
＊2　『長崎集』長崎地方文化史研究所　一九九三年

㊊原

原

6 野牛《やぎゅう》

野牛と書いてあるが、バッファローのことではない。図で分かるように、これは山羊《やぎ》である。図には《羊の類なり。漢名は不明》とある。じつはヤギもヒツジも日本には生息していなかった。十二支のなかのヒツジは中国からの借りものである。

《野牛は唐人《とうじん》、蛮人《ばんじん》（オランダ人）の食料である。稲佐《いなさ》山や立《たて》山（いずれも町はずれ）あたりで飼われ、唐人、蛮人に売り渡す。その大きさは犬の三倍ほど。家猪《ぶた》（後出）に比べるとずっと小さい。味も家猪にはかなわない。毛色はどれも白く、人に良く馴れ、食うには忍びない》と広川は書いている。同感である。

なお天明八（一七八八）年、長崎を訪れた司馬江漢は『江漢西遊日記』* に山羊肉を食べたと書いている。

＊ 司馬江漢『司馬江漢全集』八坂書房 一九九二年

7 家猪《ぶた》

《家猪[*1]は唐人オランダ人の常食とするところ。立山や稲佐山当たりで飼われ売られている。また唐人屋敷や出島の中でも見ることができる。野猪《いのしし》に似ているが、もっと肥って丸々している》

延宝九（一六八一）年に書かれた『長崎土産』[*2]に次ぎのような下りがある。

「日見峠（長崎の入口）を下り、一の瀬橋のあたりまで来ると、なんともはや妙な匂いが鼻につき、胸がむかむかしてくる。聞けば、これが長崎の匂いなのだという」。

この妙な匂いとは、山羊や家猪などを飼育する匂いが、風に乗って旅人に届いたのではないだろうか。

＊1　今日では「豚」を用いる。小野蘭山著『本草綱目啓蒙』東洋文庫（一九九二）によれば「唐では家に飼って日常の食品とす。故に家猪という」とある。

＊2　『長崎土産』長崎文献叢書四巻　長崎文献社　昭和五十一年

㊢

8　魯鶏《ろけい》

《魯鶏はニワトリの小さなもので、鳩くらいと思えば良い。種類が多く大振りのものは良くない。また尾が垂れ、蹴爪《けづめ》のあるのも良くない。すなわち尾が立ち、蹴爪なく、足は短く地を擦るくらいのものが良い。浦上地方（長崎の北）で多く飼われ、オランダ人に売るのであるが、彼等は白鶏を好むという》

魯鶏とはすなわちチャボである。*この後、チャボの飼い方とその難しさを連綿と綴《つづ》られているがそれは省略する。

《長崎に魯鶏を飼う名人がいた。この人は鶏に取り付く虫（ダニの類か）を取り除く方法を知っていたが、それを誰にも教えようとはしなかった。私はある時この人物から治療を乞われ、その秘法を教えてくれるならという条件で、薬を出したところ幸い治ったので、私にだけそれを漏らしたのである》

その方法とは煙草の煙を吸って、管で羽毛に吹き分ける。特に首当たりをめがけて四、五服吹き分け毛を撫でると、虫が落ちてしまうのだと言う。もう一つは樟脳を良く焼いて羽毛の隙間に擦りつけるというもの。

広川は長崎にいるときにはこのことを決して口外しなかった。しかし帰京後、「京都と長崎は雲海を隔てているので」、もはや当人の迷惑にもならないと考え、筆にしたと断っている。律儀な人である。

＊　底本の注にはシャモとあるが、シャモは闘鶏のことで誤りであろう。

(原)

原

9　烏《う》骨鶏《こっけい》

《長崎では多くの人がこの烏骨鶏を飼っている。全身白色か、その上に黒い斑を持ち、頭と足は薄黒い。その卵は虚弱体質に効き目があり、その値も普通の卵の二倍はする》

　烏骨鶏は中国、四川省が原産とされており、皮も肉も骨までもが暗紫色であるところから、その名がある。

　将軍家綱の時代の「生類憐みの令」によって鶏肉や卵を食べるのは穢《けが》れとみなされていたが、江戸中期以降になると幕府に御用卵を納める業者が選ばれ、庶民もそれを食べるようになった。長崎はもっとも早く鶏卵食のはじまった所で、天明八（一七八八）年、長崎を訪れた司馬江漢は、「江戸の鶏肉は固いが、長崎のは煮魚のように柔らかい」と感心している。*

＊『司馬江漢全集』八坂書房

㊊

10 みるくい*

《この貝は淡黒色で横から長い肉を出す。そこは口で、伸びたり縮んだりする。希にしか採れない貝なので珍客にしか出さない。その大きさは手のひらほどである》

みるくいの口とされた部分は正しくは水管で、ここに海草の水松《みる》が生えるので「水松食《みるくい》」と称されたとも。その肉は食用とし、特に水管は甘みがあっておいしく、今でも吸い物や寿司種として用いられる。

＊ 底本では「ひるくい」となっているが、誤り。

11 獅子頭金魚《ししとうきんぎょ》

現代ではオランダ獅子頭《ししがしら》と呼ばれている。琉金《りゅうきん》という種類からつくられた品種で、中国から琉球を経由して長崎にもたらされた。

《この金魚は頭が獅子に似ているところから、その名がついた。稀に見る名魚でその値うちは他魚に百倍する。長崎ではこれを好んで可愛がる人を時折見かける》

㊊

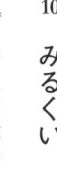

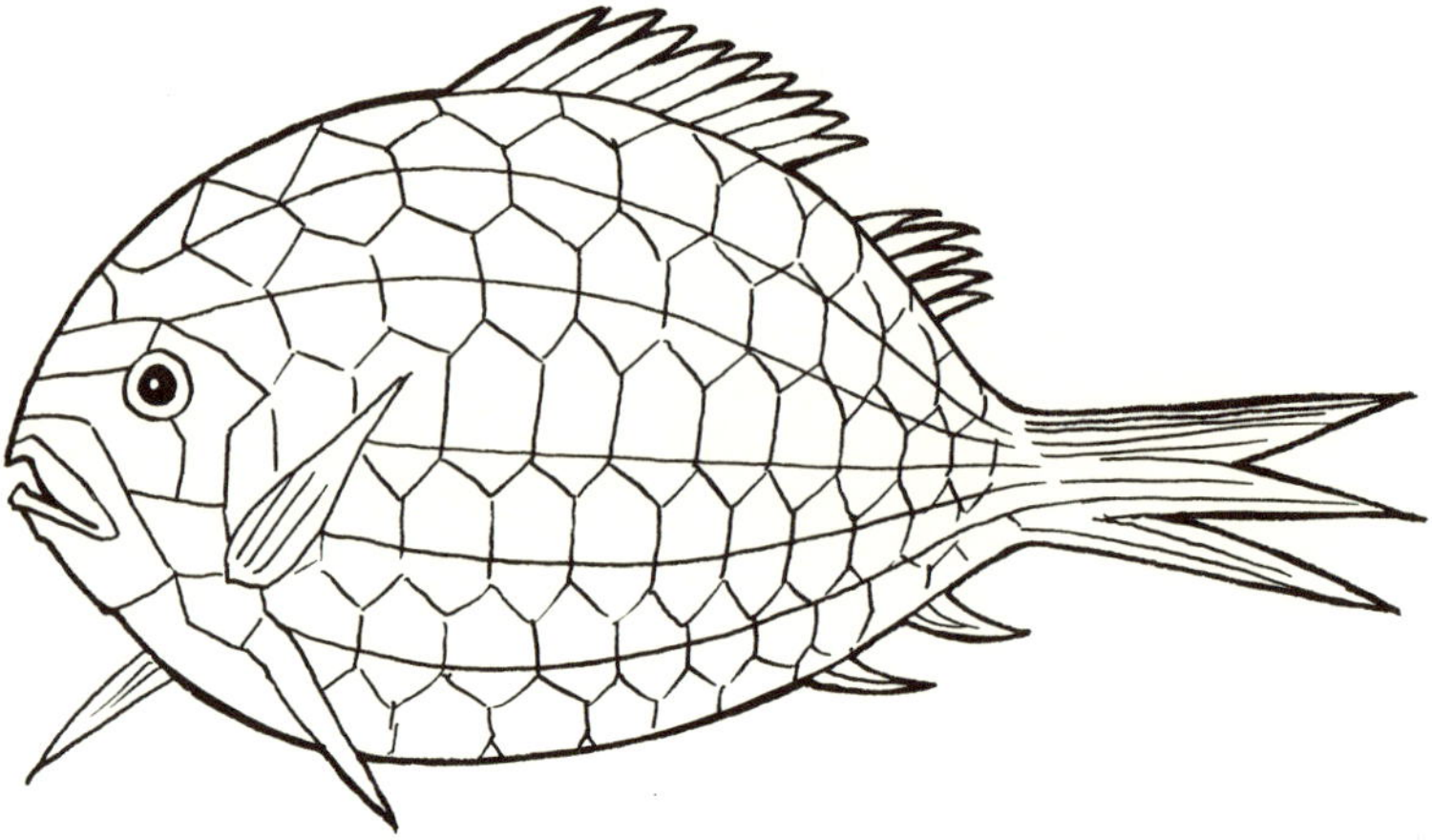

㊓

12 松子魚《まつかさうお》

《松子魚は長崎の魚で最も美しい。六角形のとても堅い皮があって、湯通ししたのち皮を剥いてから食べる。味も最高。大きさは十五センチほど。松子魚というのは長崎の方言で、京都では「鯛むこの源八」と言う》

マツカサウオは、外観が松笠の鱗に似ているところから来ている。他にヨロイウオとも言う。体は淡黄灰色。背ビレは左右に傾いた六本の強いトゲからなる。腹ビレは一本のトゲと三本の柔らかいトゲから成っており、トゲとその基部とを擦ってバタバタと音を出す。

二十世紀に入って、魚津市の水族館が停電した際に、偶然、このマツカサウオが発光するのが確認された。この魚の下アゴには黒い発光体バクテリアが生きており、それと共生することで、光を利用することができるのだと言う。

13　こをむき

《長崎では「こをむき」と呼ばれている。その頭に突き出た肉がある。異様な魚で、大きさはおよそ四十五センチから六十センチにいたるものもある》

「こをむき」とはコブダイのこと。雄は成長するにつれて額のこぶが突き出し、下顎も膨れる。貝や甲殻類の固い餌を好み、成魚はサザエのような丈夫な貝も噛み割って食べるとされている。成長すれば一メートルにもなる。

挿図のコブダイは、こぶが棒状に見えておかしい。固いものを食べる口の当たりは良く描けている。京の絵師が描いた魚は、概して奇妙な仕上がりが多い。実物をあまり目にしたことがないのだろう。

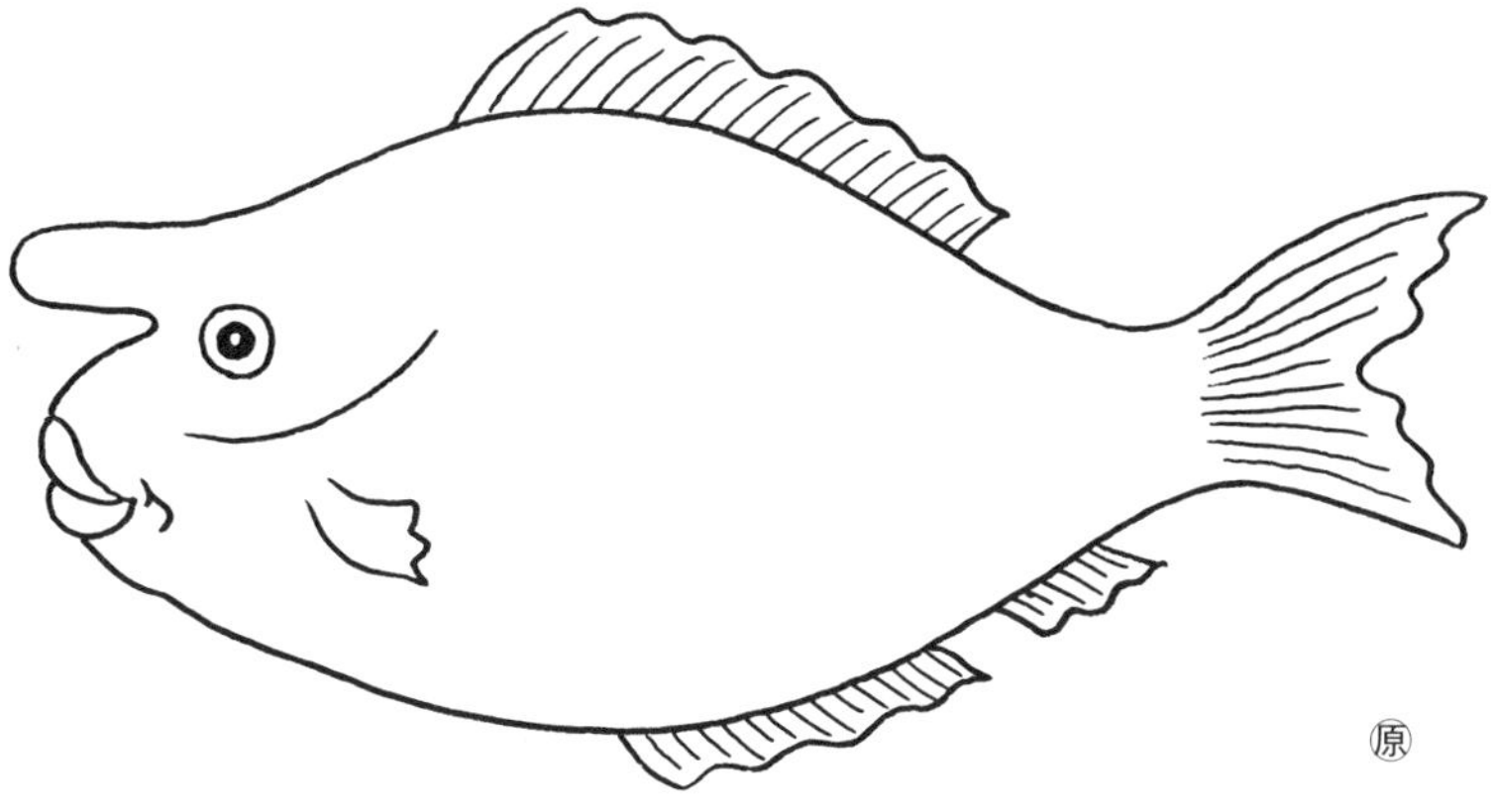

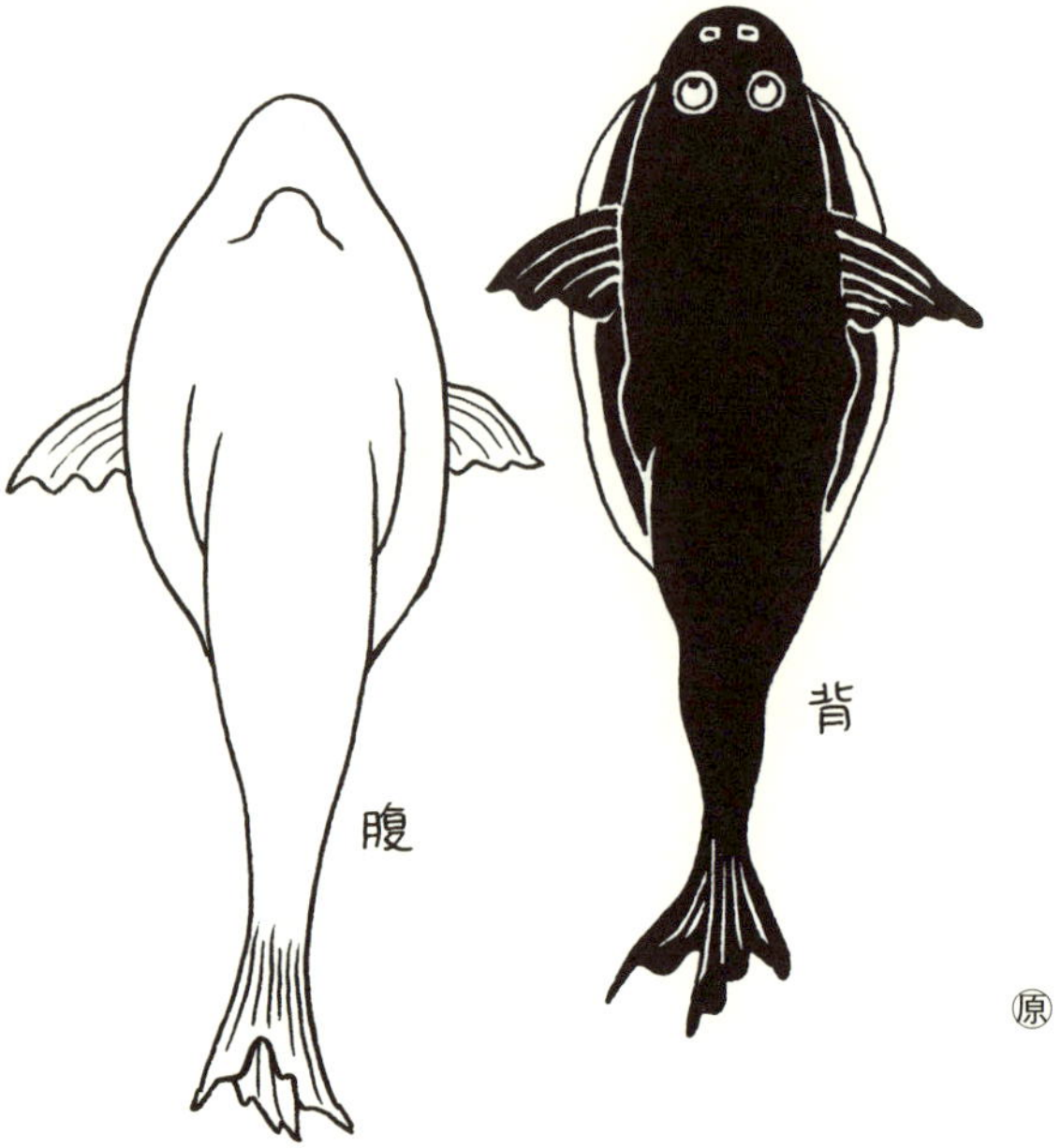

14 かいめ

《長崎では「かいめ」と呼ばれている。鱶《ふか》の類であろう。表面の肌合いは鰈《かれい》のようであるが、かたちはまったく異なる》

この魚は坂田鮫と書いてサカタザメと読むが、じつはエイの仲間。頭は扁平で三角形。尾部も良く発達している。卵胎生で体長は一メートルになる。かまぼこの材料として利用される。絵は実物とはおよそ似ていない。

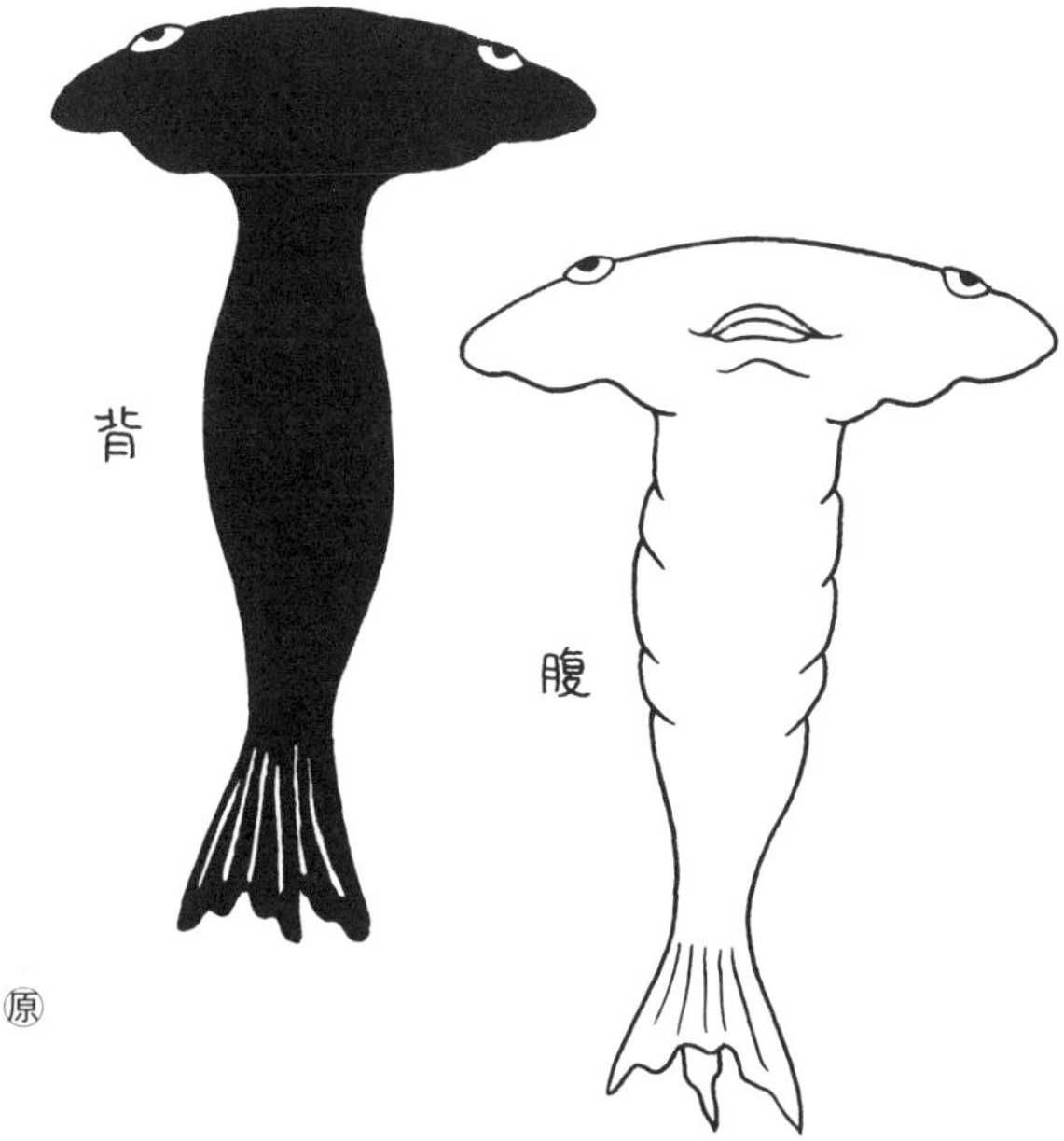

15
鐘木鱶《しゅもくふか》

これは間違いなく鱶《ふか》、つまりサメの仲間。現代ではシュモクザメと称される。鐘木は仏具の鐘や鉦を叩く道具で、T字型をしている。頭がT字型であるところからその名が来た。その部分はレーダーのような機能を持つとされている。

挿絵は愛嬌があるが、本物は不気味である。性質はどう猛で群れで行動する。このサメが現れると海水浴場は遊泳禁止になるほど怖れられている。肉はかまぼこの材料になる。図では目が前方にあるが実際には両端に付いている。

㊗原

16　きだこ（上図）

《長崎で「きだこ」と言う。そのかたち蛇に似ていて黄色。味の方はいたって美味》「きだこ」はウツボのこと。胸鰭や腹鰭がないので蛇に見える。歯が鋭く、蛸を襲うことで有名。鹿児島では「きだか」と言う。挿図はとてもウツボには見えない。

17　とくびれ（下図）

《とくびれは佐渡の海で採れ、目出度い魚として祝儀に用いる。しかし、佐渡でもたくさんは獲れる魚ではないので、高貴な家に目出度い客を招くときなどに台に乗せて出し、各々で戴きながら祝う。この絵は長崎の村山家（不明）に佐渡から贈られたものを描いたもの。実物は乾物で色は薄黒い》

トクビレの雄は第二背鰭とその下にある臀鰭が極端に大きくなる。そういう意味で挿図は正確とは言えない。雌は体長三十センチ止まりであるが、雄は五十センチを越えることがある。味は極めて美味と言われている。

㊗原

18
煙草《たばこ》切《きり》包丁《ほうちょう》

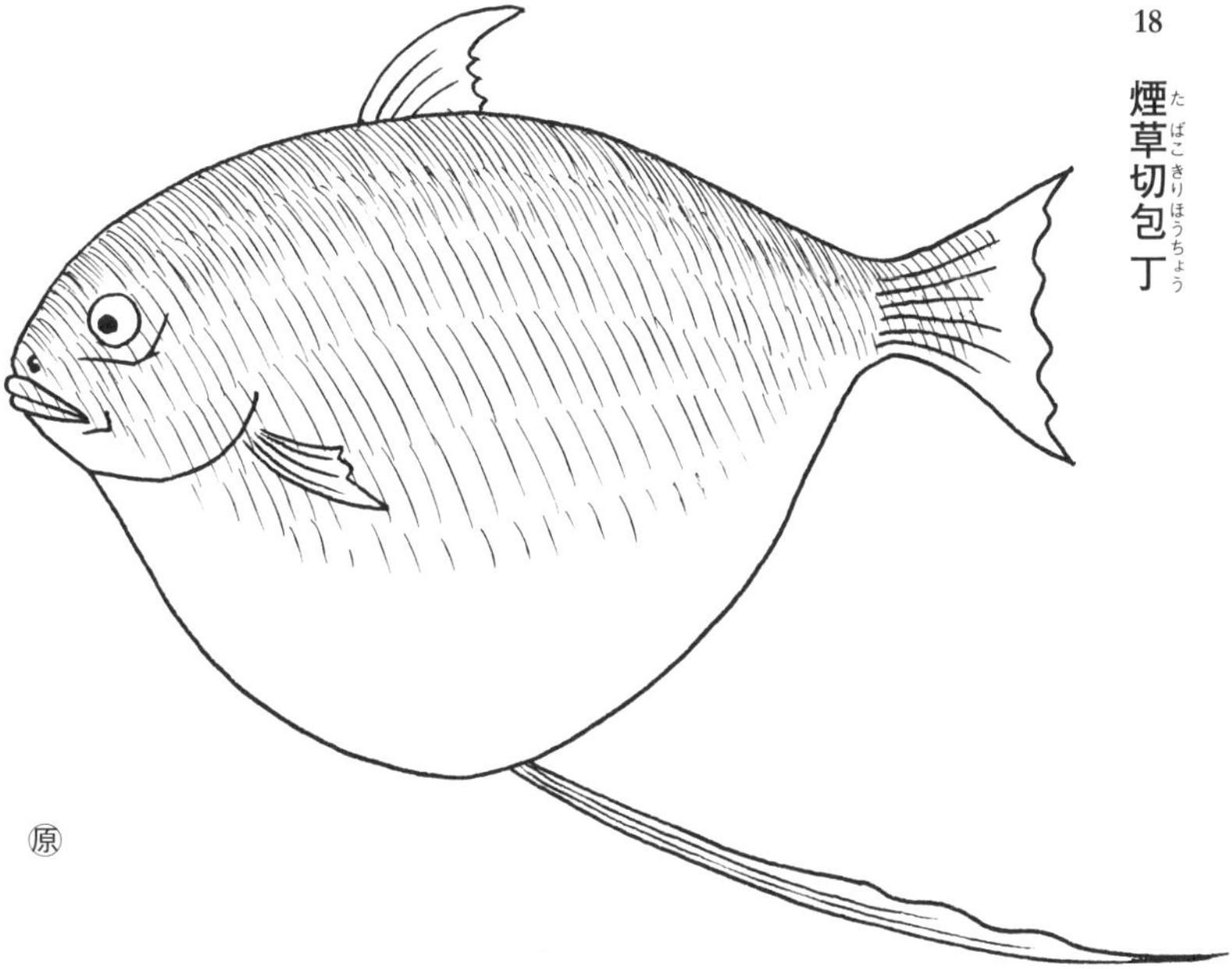

㊊原

《その名前は長崎の方言で本当の名前は分からない。大きさといい、厚さといい煙草を切る庖丁にそっくり。背中の方は青々していて、腹に行くに従って次第に白い色に変化する綺麗な魚である。大坂の尼崎ではこれを鏡魚《かがみうお》と呼んでいる》

日本最初の煙草の栽培地でもある長崎の人々がこの魚を、刻み煙草をつくるときの煙草切庖丁と呼んだのは、そのかたちがそっくりだからである。また大坂で鏡魚と呼ばれているのも、そのかたちからして良く理解できる。本当の名前はマナアジ。確かに背から腹にかけてのグラデーションは美しい。

19

尻高貝《しりだかかい》

《大なるは拳《こぶし》のごとく、小なるは鶏卵のごとし》とある。《煮て食べる。食べ終わった貝は、穴を穿って腰に下げることができる》

正しくはベニシリダカガイ。その名の通り紅色に黒い斑点がある美しい貝である。ITオークションで六百円の値がついていたので、確かにアクセサリーになるのであろう。

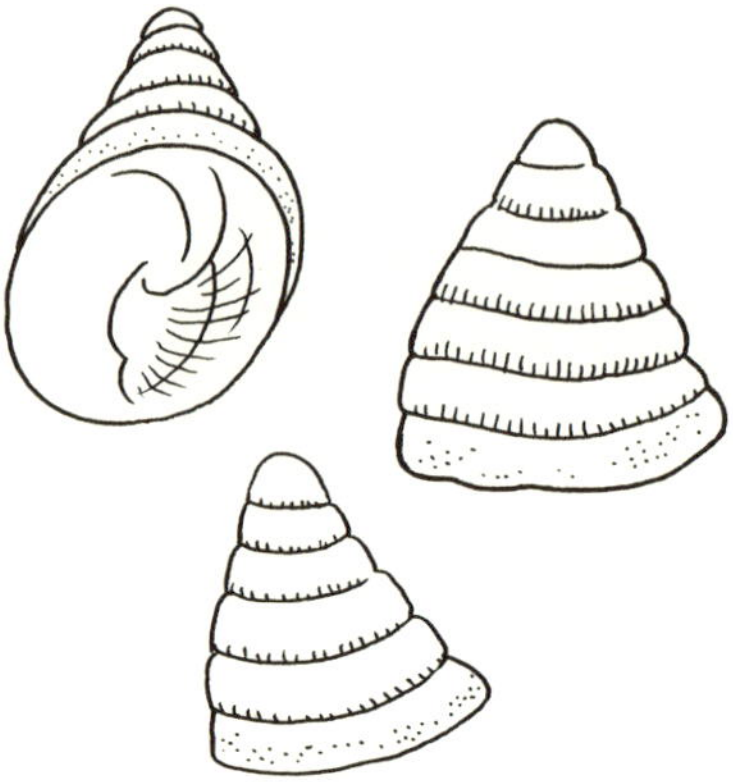

原

20

釜貝《かまがい》

《釜貝は天草の海で採れる。拳ほどの大きさでとてもおいしい。ただし十メートル近くも深いところにあり、天草では、海の藻を肥やしにするために海底を針で突く。その際に藻にくっついて採集できる》

おそらくそのかたちが釜に似ているところから、釜貝と呼ばれたのであろうが、同定することは出来なかった。

原

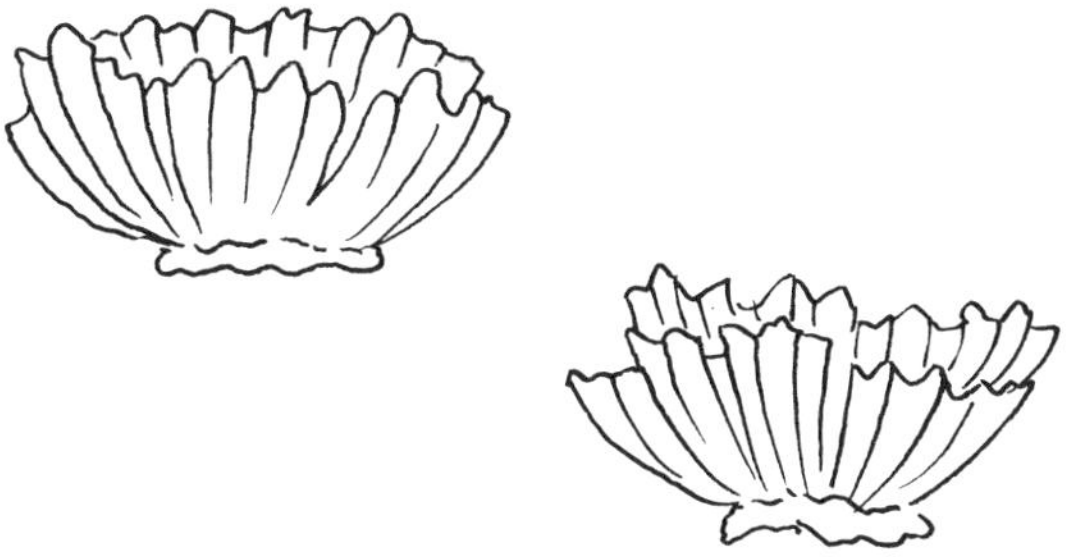

(原)

21 海帯根《めかぶ》

《海帯根は長崎近海で二月に出回る。三月頃に出回るものは柔らかさが失われる。石に着いたところは固いので切り捨て、熱湯を濯げば柔らかくなる。これを良く叩けば粘り気が出る。とろろ汁の代わりになるし、いや、むしろそれよりも勝れているだろう。また、醤油に酒を加えご飯にかけて食べる。

乾燥させて貯え置き、用いるとき熱湯を濯いで叩けば良い。或いは乾燥したものを粉末にして汁に加えるのも良い。また乾燥したものを油で揚げても食することができる》

以上、広川は和布蕪《めかぶ》（今日の表記）がよほど好きだったと見えて、レシピに蘊蓄《うんちく》を傾けている。和布蕪はワカメの根に近いところにあり、葉が厚く短いひだ状に集まった部分を指し、ここに胞子嚢ができる。細かく刻まれてスーパーでも売られている。

22 長崎の野菊

《俗に野菊と言う。この花を採って油に浸し薬用とする。この菊は他国に言う野菊とは異なる。葉、茎みな細少。花はもとより黄色。京の東山、菊ヶ谷の菊に良く似ているがそれよりも、もっと細少で別種。長崎の山野にたくさん出る》

野菊というと日本全国に自生していて同定が難しく、広川が迷ったのも無理はない。普通、黄色の野菊というものは中部関東以北なら、彼の言う「菊ヶ谷の菊」、すなわちキクタニギクで、関西以西ならシマカンギクとされている。

しかし、この挿絵の菊は葉のかたちがシマカンギクのように五裂していない。まるでヨメナにそっくりである。ヨメナは花の色が薄紫なので黄菊とは異なる。絵師は困ってしまいヨメナをモデルに選んだのであろうか。

なお、シマカンギクは別名アブラギクと言い、花を油に浸して火傷や切り傷に用いる。この野菊は、今日でも長崎の冬の山野を美しく飾ってくれる。

23 銀臺《ぎんだい》

《銀臺は水仙に似ていて見分けるのが難しい。水仙は根が丸く、花の蘂《しべ》が乱れる。しかし銀臺は根が平らで、蘂が乱れることはない。わずかにこの二点において水仙と区別する。銀臺は婦人の乳腫れにすり下ろして貼れば効果がある。他にも色んな薬効がある》

　銀臺という聞き慣れない名前は、金盞銀臺《きんせんぎんだい》の省略されたかたちである。水仙の花の白い部分を銀の台と見なし、黄色い部分（副萼《ふくがく》）をその上に乗っている金の盞《さかずき》と見た。古人はなんと美しい譬えで水仙を見つめたことか。

　広川は水仙と銀臺とを見分けが難しいというが、じつは二つは同じものである。彼の言うところの蘂が乱れた水仙とは八重咲きの水仙で、麗々しくも玉玲瓏《ぎょくれいろう》と呼ばれていた。

　なお挿絵の水仙の「根」（本当は茎と根がいっしょになった部分）は余りに大きすぎる。これではまるで食用のカブである。

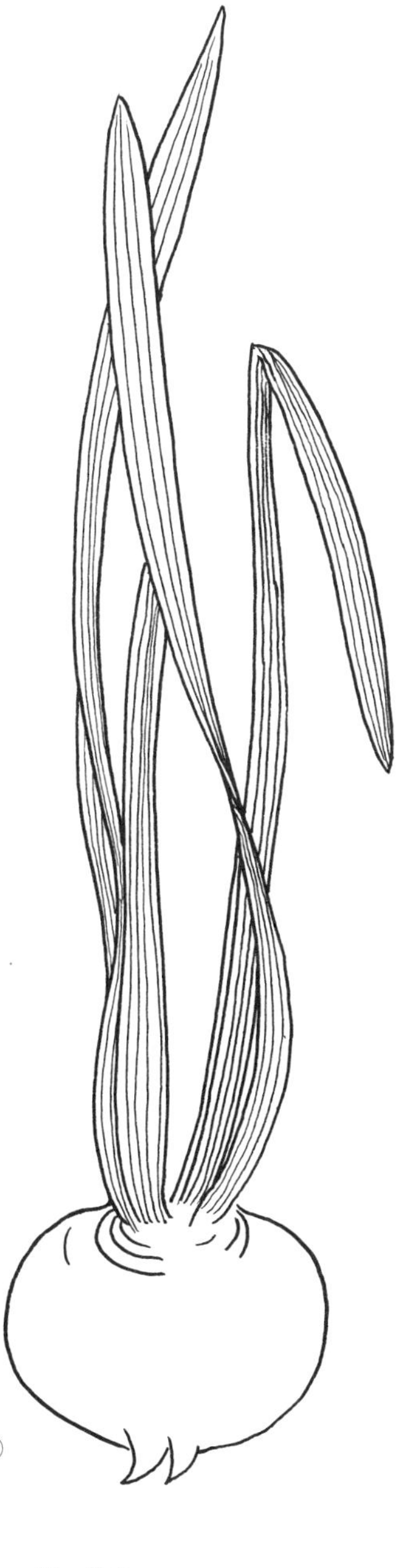

(原)

24　かかつがゆ

《「かかつがゆ」のことを方言で、「そんのいげ」とも言う。木の高さ六メートルくらい。葉はアオキに似て薄く柔らか。枝にトゲがある。実はイチゴに似て大きく、熟れると薄紫に黄を帯びて美しい。実の中に種子がある。種子は辛味があって、舌を刺す》

　昔は蝶々のことを「てふてふ」と書いた様に、「かかつがゆ」は「くハくハつがゆ」と書かれていたので、長い間それが何なのかさっぱり分からなかった。

『植物観察事典』*によれば、カカツガユはクワ科の常緑低木。実は一・五センチから二センチで食べることができ、葉には葉脈が変化したトゲがある。方言「そんのいげ」の「いげ」とはトゲを意味する。

　長崎の中心部では見たことがなく長い間疑問に思っていたが、あるとき郊外の三和《さんわ》町の「川原の池」に出かけたとき、池のほとりでこの植物を見つけた。広川が間違っていなかったことを確信した。

＊『植物観察事典』地人書館　昭和六十三年

原

25　如意樹《にょいじゅ》

《長崎古町の伝蔵という者の家の裏にある。葉は桐に似ており大樹。夏に黄色い花を咲かせ、秋に実を結ぶ。小さな豆くらいで炒って食べられる》

㊊

如意樹という名前だけでは何のことだか分からなかったが、幸いにも図に「漢名　梧桐。和名　あおぎり」と書き込みがあった。

アオギリには葉の裏に毛のあるものと、無いものがあって、無毛の方は本来日本に自生するものでケナシアオギリという。

有毛のアオギリは中国原産で、成長が早く丈夫なので街路樹や公園樹として用いられる。つまり我々が多く見かけるのはこれである。広川が長崎に居たころには、まだめずらしかったことが分かる。ここに登場する「古町の伝蔵」とは如何なる人物なのであろうか。いきなり固有名詞があらわれてビックリさせられる。

種子はタンパク質と脂肪に富み、炒れば食べられる。中国では漢方薬にする。

26 橄欖《かんらん》

《橄欖は唐寺の崇福寺《そうふくじ》にある。その実を拾って植える人は大勢いるにもかかわらず、三十センチほど育ったところで必ず枯れてしまう。寒さに弱いのである》

カンランはインドシナから中国南部に分布する常緑高木。果実は三センチの楕円球形で乳白色に熟す。その種子は欖仁《らんにん》といい、アーモンドに似ており生でも食べられるが、油でいためて中華料理に用いる。

崇福寺は昔は主に福州人が檀家だったが、現在は一般の在留中国人の崇敬を受けている。また国宝に指定されてからは観光コースに組み入れられて連日参詣者は多い。しかし、境内にカンランを見ることはない。

27
対馬《つしま》風蘭《ふうらん》

㊢

《葉の大きな風蘭で育てるのがとても難しい。その葉が六、七枚も付いていれば良い方と言える。育て方が悪いと次第に腐れて落ちてしまう。腐った木に植えても良いし、シュロの毛で包んで軒に吊すのも良い。日陰に置いてときどき水を注ぐ。春三月に白い花が開くと、素晴らしい香りが漂う。愛すべき花である》

風蘭は富貴蘭とも呼ばれ、現在でも愛好家が多い。花には長い距《きょ》があって目を楽しませてくれる。ところがその肝心の花が挿図にはひとつとして描かれていないのである。

28

大名竹《だいみょうちく》

《長崎では大名竹と言う。稈《かん》は太く、その葉は柔らかく見える。八、九月頃タケノコが出てくる。これが大きい割りに柔らかく、味が良いと来ている。ただし皮を剥いで一両日水に浸しその後、煮て食す。そうしないと苦みが残る。この竹は薩摩に多いそうだ。唐人が食料として持ってくるタケノコはさらに大きい。長崎では御薬園に植えられている。人家でも稀に植えてある》

大名竹は九州の方言で、カンザンチク（寒山竹）が正しい。中国原産の大型のササで、目隠しとして生け垣などに使う。竹林面積では日本一の鹿児島県ではおいしいタケノコの順位を「デミョウ（大名竹）、コサン（布袋竹）、カラ（唐竹）、モソ（孟宗竹《もうそうだけ》）」と言うらしい。今日タケノコとして最もポピュラーな孟宗竹はじつに最低のランクである。大名竹が如何においしいか想像がつくだろう。

ここで「唐人が持って来るタケノコ」と触れられているタケノコこそが孟宗竹であって、十八世紀初期に渡来したとされている。広川の文章によれば十八世紀後期になっても余り拡がっていないような印象を受ける。

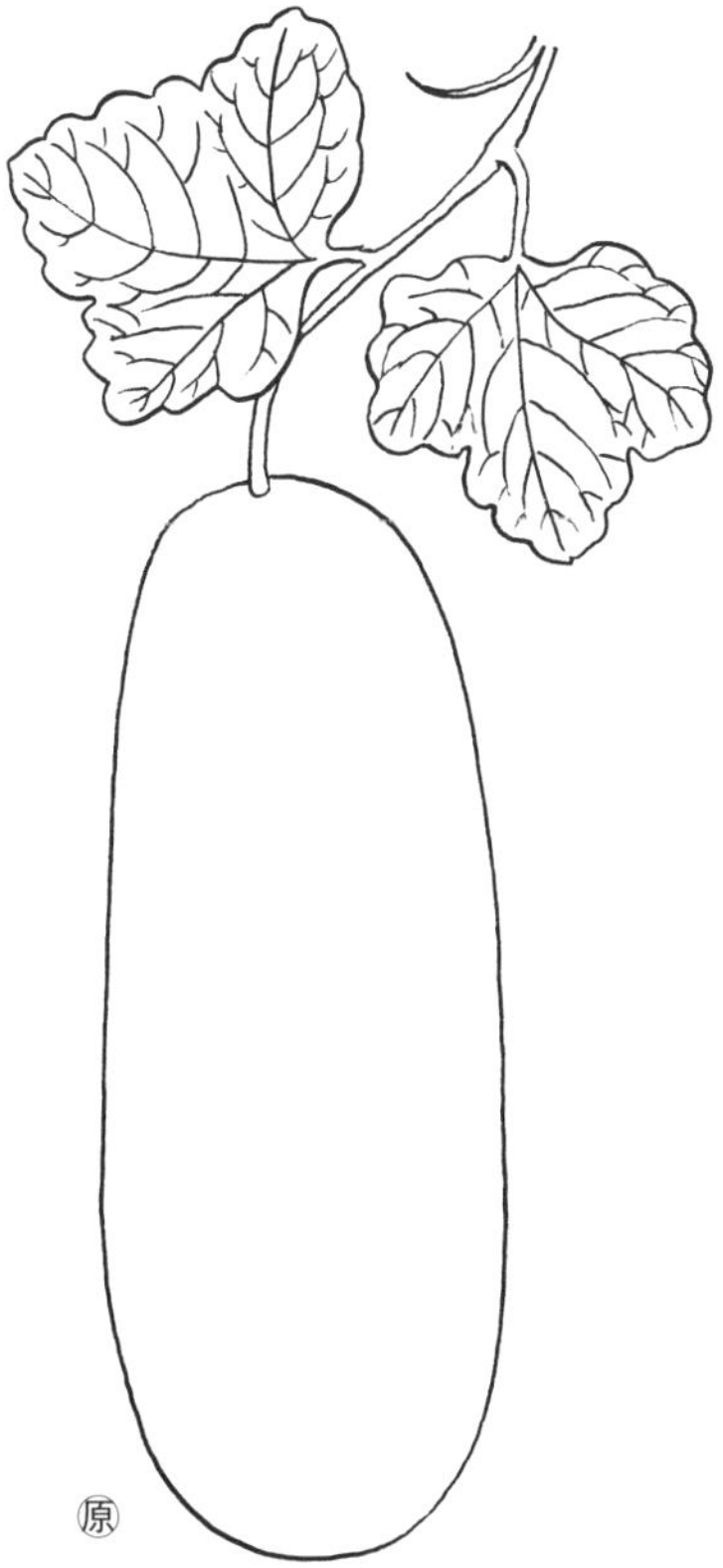

29

唐《とう》冬瓜《とうがん》

《唐土の冬瓜は、唐人館（唐人の居留地）などに唐人たち自らつくって食料にしている。見るからに大きく、長さは一メートル近く、直径は五十センチほどもある。わが国の冬瓜には緑色の表面に白粉《しらこ》があるが、唐のものにはない》

トウガンは熱帯アジア原産のウリで、一昔前まで夏の味として親しまれていたが、最近は余り見かけない。収穫した実は涼しい所に置けば翌年の春まで貯蔵できるので、冬瓜と名前がついた。表面は白い蝋質で覆われ、広川のいう白粉とはそれを指している。

30　唐菜《とうな》

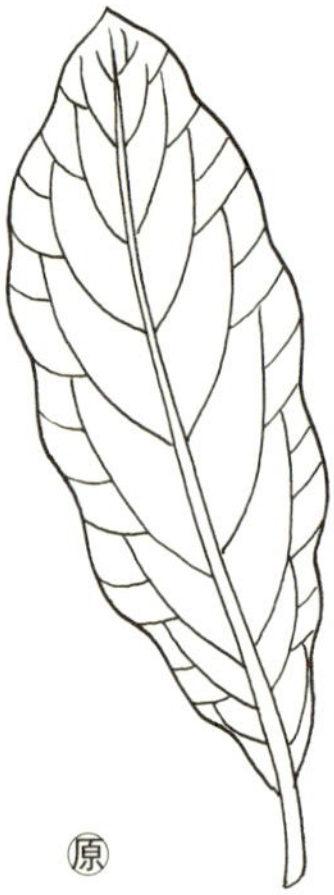

(原)

《唐菜は長崎に多い。これを他国に移植すれば、その年は良いが、翌年には変化して唐菜でなくなる。それはちょうど京都の水菜《みずな》を他所に移すと、水菜でなくなるのに等しい。漬け物にして佳《よ》し。種は八月に採ったほうが良い》

唐菜の漢名「菘《うきな》」から調べると、『農業全書*』に次ぎのように記されていた。

「菘は京都でたけ菜と言う。田舎では京菜。野菜の中では上品。その種類は多いが、京・近江・江戸のものを最上とする」。

他所に移植すれば変化するというのは、ダイコンやカブが地方によって千変万化するのを考えれば理解できる。特にアブラナ科の植物は環境による変化が著しい。なお、挿図の葉の大きさは約六十センチと書かれてある。

＊ 宮崎安貞『農業全書』岩波文庫　一六九六年

31　高菜《たかな》

《これも長崎に多く、他所では見かけない野菜である。漬け物に向いている。味は唐菜には劣るが、唐菜が出回らない春頃から食べられる。油で炒めて醤油で煮て食べる》

広川はなかなかのグルメである。高菜の漬け物は炒めると格段においしくなる。近ごろは出来合《できあい》の品も出回っている。挿図の葉はおよそ七、八十センチと書き込みがある。

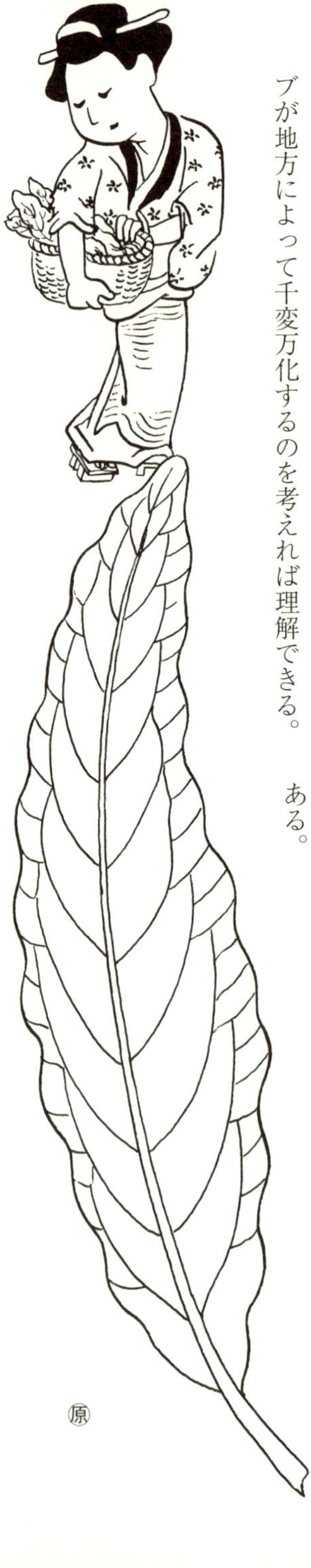

(原)

32 蘖《もやし》

《もやしは長崎で流行している。「ふたなり」という豆を水に浸し、芽が出たところを食べる。「ふたなり」は緑豆《ぶんどう》（大豆のこと）とも言う。

先ず豆を半切《はんぎり》（底の浅い容器）に入れて水に浸す。そのまま日当たりの良いところに一日置いて、夕方に斗桶《ますおけ》のようなものに移して、藁で覆い、翌朝二時間ほど水を与え、水を去り藁で覆う。これを七日ほど繰り返すと、芽が三センチほど伸びて食べ頃となる。大豆一升で一斗ばかりのもやしになる》

㊟原

上図は『草木辞苑』*から写した大豆で、「ふたなり」や、「やえなり」とも呼ばれている。

右図は「芽が出たところ」とあるが、とても「もやし」とは思えない。

＊　木村陽二郎監修『草木辞苑』柏書房　一九八八年

もやしは「萌」とも書いて、現在ではアズキ・緑豆・ブラックマッペ・ダイズなどの殻類を暗所で、高温多湿の条件で白化させながら発芽させた野菜を言う。

　つくり方は、原理的には昔とそれ程変わってはいない。十八世紀後半に長崎で流行りだしたという広川の記録は貴重で、他書でも余り目にしたことがない。

もやしのつくり方
①底の浅い容器に豆を入れ
②水に浸し1日十分に太陽にあてる
③水を切って深い容器にうつし
ワラでおおう
④朝夕2時間だけ
水に浸し
⑤その他の時間は
水をすてワラでおおう
⑥それを7日ばかり
つづけると芽がでます

巻の二

ここでは長崎を離れて、唐人《とうじん》（中国人）のことに話題が移る。

中国の主都北京から話がはじまって、唐船の構造、唐人たちの風俗、食事、唐人同志ジェスチャーを交えないと話が通じないことなど、興味は尽きない。

なかでも、広川が日本の生薬と中国との生薬との違いに気がつく下りは傑作である。

ある時、彼が病気の唐人を診察したあとで、自分では高級品と思っていた漢方薬をふんぱつしたところ、それを見た唐人はあきれた顔をして「こんな粗末なものを…」と、手持ちのものを持ち出した。見れば自分の薬とは雲泥の差がある。彼はそこで悟るのである。「さては日本に持ち来る生薬は、あちらの二流の品であったか」と。

そんなことが学べたのも長崎遊学の一つのたまものと言って良いだろう。

唐人たちがジェスチャーを交えて会話をおこなう光景も、広川にとっては新発見であった。彼はそれまで漢字の音読みの方が、微妙な表現が出来るものと考えていたのが、実際には方言の問題などもあって、訓読みの方が便利なのに気がついたのである。

一方、唐人たちが昼食のとき、豪華なメニューを貴賤の差別なく一緒に囲む光景には感心している。それに比べるとオランダ人は身分の低い者には粗食しか与えないと怒っている。それが当り前と思われる時代にあってこの指摘はめずらしいのではないか。

本来の日本料理は各人が膳にのせていただくが、中華料理は一つの卓をかこんで食べる。そのテーブルを卓袱《しっぽく》という。そこから長崎を代表する「卓袱料理」が生まれた。

ところで「卓袱」に「台」を付けると「ちゃぶだい」となるのだから面白い。

なお、先日テレビで中国の人々が刺身をおいしそうに口にしている光景を見た。彼等が生もの、冷やしものを嫌うという文化もここに来て失われつつあるようだ。

33　唐の帝都のこと

《乾隆帝《けんりゅうてい》*1の都は北京にあって順天府《じゅんてんふ》とも言う。ここは戦国時代の燕《えん》に当たる。寒国なれど要害堅固にかけては第一の地。都城の周囲およそ三十キロメートル（七里）。宮殿は美麗の限りを尽くしている。北京から日本に来るには、南京へむかって陸路を四十日のみちのりで、この間、河船《かわぶね》でも往来できる。長崎にやって来る南京船とはこの河船のことであり、船底が浅いつくりになっている。

さて南京は唐土第一の上国で気候温暖、人物は穏やかである。天子の親族を主たらしめ、都城は美を尽くしているという。その周囲およそ七十キロメートル（十七里）。戸数約百九十七万、人口約九百九十九万人。美しい土地である》

この中華に関するデータはすべて、長崎が誇る天文地理学者西川如見《にしかわじょけん》の『増補華夷通商考《ぞうほかいつうしょうこう》』*2による。広川の時代から百年ほど前のデータになるが、鎖国下だったので新しい情報はもたらされていない。庶民が海外の情報を得ようとすれば、この『増補華夷通商考』に頼るしかなかったわけである。それはペリーが来航し海外熱が高まった幕末まで、版が重ねられたという。

*1　清の絶頂期の皇帝で高宗とも呼ばれた。在位期間一七三六～一七九五年

*2　飯島忠夫・西川忠幸　校訂『増補華夷通商考』岩波文庫　一九八八年

34　寧波《ねいは》

《寧波＊は日本への渡り口で、唐の時代には明州と呼ばれていた。昔、日本から唐に渡った船も皆、ここに到着した。この上なき良港で、人家およそ六万戸の豊かで繁栄した土地である。長崎へ来る唐船も、多くはこの寧波から出帆する。中国のいずれの港から来た船も、この港で順風待ちをしたのち船を日本へ進める》

＊　現在は「にんぽう」と読む。

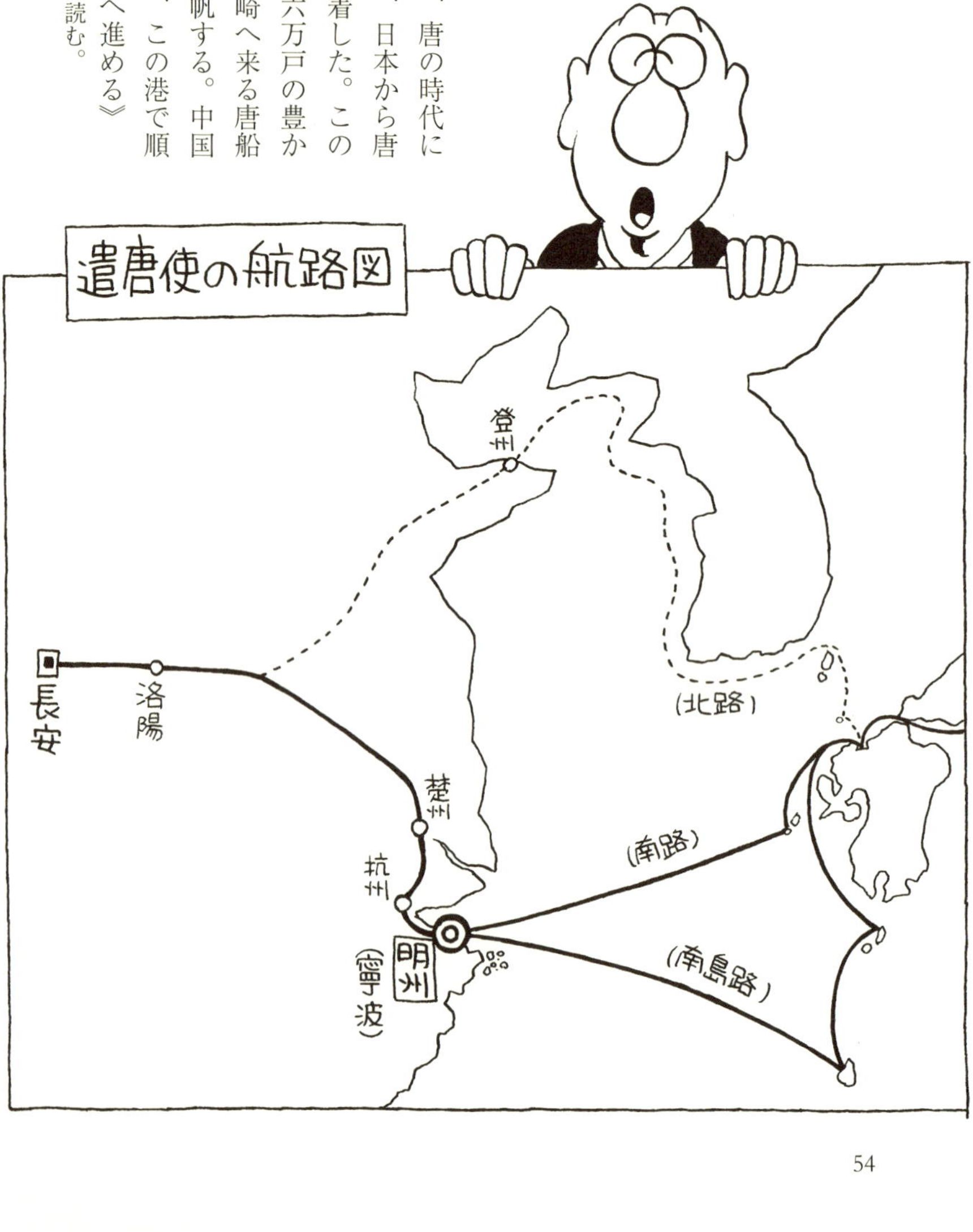

遣唐使の航路図
登州
長安
洛陽
楚州
杭州
明州
(寧波)
(北路)
(南路)
(南島路)

日本にくるにはまず
南京《なんきん》に出ます。歩いて
四十日の道がありますが
この間、河舟《かわぶね》でも往来
できます
北京
天津
徐州
淮安
揚州
南京
蘇州
杭州
寧波
長崎
長崎にくる南京舟《なんきんぶね》は
河舟をそのまま乗り
出したもので、船底は
浅く造られています
南京は唐土で一番の
上国で、気候は暖和《だんわ》、
人物も温寛《おんかん》です。天子《てんし》の
親族を主《あるじ》とし、その都城
周囲十七里。戸数およそ
百九十七万。人口は九百
九十九万を数えます

35　唐船《とうせん》

《唐船は三階づくりである。上の階は板で張りつめ（甲板《かんぱん》と言い、和船にはない）雨が降っても下の階には漏れず、自然と海に流れ出るようになっている。上の階は帆の上げ下ろしなど、諸事を行う所である。中段には唐人の部屋があり、下段には荷物を積む。

　唐船は見た目は綺麗だが、乗ってみれば粗略なつくりで、丈夫だけが取り柄である。各部屋には皆錠前が取り付けられみだりに中を覗くことは出来ない。ところで船の真ん中付近に、一辺が三メートル弱（一間半）の四角形の深い水溜

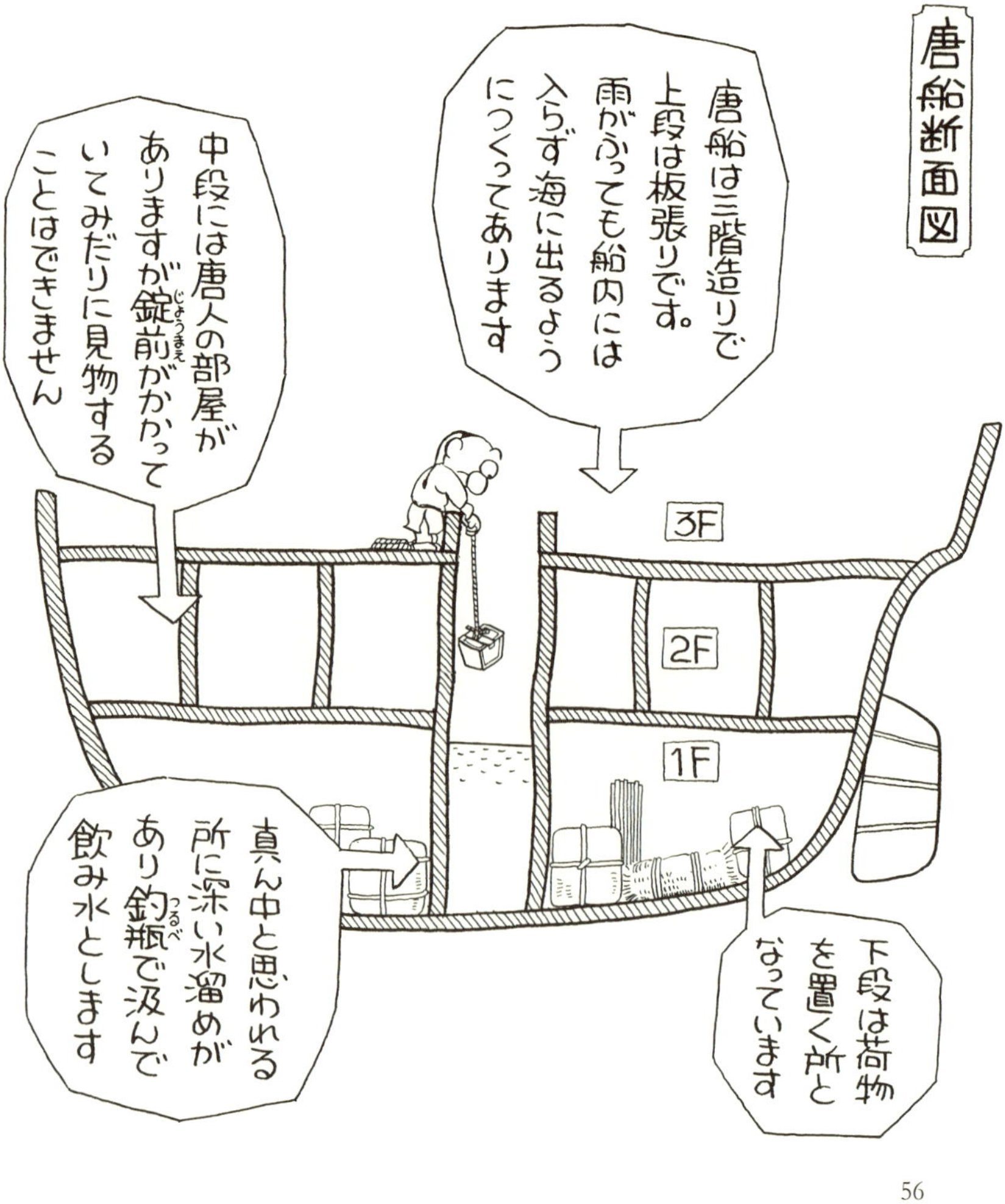
唐船断面図
唐船は三階造りで上段は板張りです。雨がふっても船内には入らず海に出るようにつくってあります
中段には唐人の部屋がありますが錠前《じょうまえ》がかかっていてみだりに見物することはできません
3F
2F
1F
真ん中と思われる所に深い水溜めがあり釣瓶《つるべ》で汲んで飲み水とします
下段は荷物を置く所となっています

めがある。ここに飲料水を貯え、釣瓶《つるべ》で汲み上げる。

唐船の荷揚げが終わると、梅ヶ崎（現・梅香崎町）に船を繋留し、唐人たちは皆、唐人屋敷（現・館内町）に入る。

船には、「日新鵃《にっしんちょう》」「升利鵃《しょうりちょう》」「飛龍鵃《ひりゅうちょう》」というような名前がある。この「鵃」という造り字には、船が鳥のように速やかに進んで欲しいという願いが籠められている。

また唐船には皆大きな鳥の絵が描かれているが、それは鳥が水難を避けるとも考えられているからである。

また、艫《とも》（船の後部）には護符《ごふ》（お守り）が貼られていて、それは費長房《ひちょうぼう》＊の子孫から貰ってくるという話だ。彼等はその護符をとても大事にしている》

荷物を揚げおわった
唐船は梅ヶ崎という所に
繋《つな》ぎ置き、唐人たちは
皆館内に入ります

唐船は外見は良いが乗ってみれば粗略だとか、各部屋には錠前が懸けてあったという記述には、広川が実際に唐船に乗り込んだことを証明している。

＊ 費長房は後漢の人で、不思議な仙術が使える薬売りの老翁から、鬼神を自在にできる護符をさずかったとされている。

上の唐船の図は「南京船」と呼ばれ、河船なので小型で船底は平らで浅い。大洋を航海するのは無理だが、南京と長崎間ぐらいなら十分に耐えたのだろう。下の唐船は「福州船」と呼ばれ、船底に龍骨があるので、沖乗り

南京船

に耐えられる。船体が黒く船首近くに目玉模様が描かれたところから「烏船《からすふね》」とも呼ばれた。船縁には大砲は積んでないのに筒口が描かれている。両者ともに網代《あじろ》帆である。網代の間には隈笹《くまざさ》が挟まれていた。

福州船

36 船揚がりの図

《長崎の唐人たちには菩薩という舟神がいる。それは姥媽《のうま》とも言い、伝え聞くところのよれば昔、福建省興化にいた林氏の娘が海に身を投げて神となったという。*1 霊験あらたかにして海難から護ってくれるので、これを天妃《てんひ》とみなして聖母《しょうぼ》とも号する。観世音《かんのん》の化身とも言う。薩摩の野間《のま》権現（南さつま市にあり、現在の野間神社）は、じつはこの「姥媽」が「野間」に変化したものである。

　唐船が無事に長崎に着くと、この舟神を唐寺に預けに行くその道すがら、棒使いという

者がいて、辻ごとに棒を様々に使う。[*2] 出帆のときも同じで、ようするに邪気を払っているのである》

　この全文が西川如見の『増補華夷通商考』巻の二によっている。広川が如見の本を良く読み込んでいるのが分かる。

＊1　姥媽は媽祖《まそ》とも言う。

＊2　現在の長崎で旧正月に行われるランタンフェスティバルの中で、媽祖行列があり、この棒使いの踊りを見ることができる。

37　唐人の風俗

《唐人の風俗はゆったりして大らかであるが、諸事不器用で、何事をするにも、大勢が集まり却ってはかどらない。しかしそれが大国の風潮というもので、暮らし方が緩やかなので、そういうことになるのだろう。

　例えば唐人の碁石などを見れば、日本の石よりも一回り小さく、上にむっくりと高く、下側は平らにつくってある。そこで我が国のように石を指ではさみ取るのではなく、指でつまむという扱いになる。また、算盤《そろばん》を見れば、算盤玉を貫く串がいたって長くつくられている。ということは玉が長い距離を往来するので、日本でやるような「早算」はできなくなる。これらの例からも彼の地の風俗がゆったりしているのが分かる。

　ただ、彼らの風俗で厭うべきはその不潔さである。稀に身体を洗うことがあっても、ちょっとした手拭いを湯に浸し、それで肌を拭うだけである。また、厠に行っても手を洗わない者が多い。足を拭いたもので頭を拭ったり、顔を洗った容器で食事をつくったりというようなこ

ともある。もちろんそのような振る舞いに及ぶのは卑賤の者に限るのであるが、それにしても我が国ではいかなる卑賤な者といえども、清潔と不潔は良くわきまえている。

というわけで概して彼らは不潔なことが多い。だから唐人たちも日本は清潔を好む国だと口にする。

唐の優れた点はその文華（文化）にある。文盲も居るが、自ずから風格に於いて日本人は及ばない。しかし唐人自らが、自分の国は文華の国であることを鼻にかけるのはいただけない。憎むべきである》

文化には頭を下げるが、それをひけらかす態度は悪んでいる。広川らしい人柄が表れた個所である。

足を拭《ふ》いた布で
頭をぬぐったり
顔を洗う器で
食べものをつくったり
日本ではとても考えられません
わが国ではいやしき者とて潔《けつ》と不潔《ふけつ》はわきまえています
エヘン…

38 唐人の食事

《唐人は冷たい生《なま》ものを嫌がる。膾《なます》、鮓《すし》、塩漬けなどもみだりに食べようとはしない。肉や魚を煮る場合にも、一日、或いは一昼夜をかけて煮る。[*1]

我々日本人は乾いた薪《たきぎ》を好むのに、彼等は生木っぽい薪を好む。そのわけは乾いた薪だと短時間で煮上がるのに対して、生木の薪はゆっくりと煮あがるからである。どうしても燃え方が遅い場合には、そこに油をそそいで燃やす。こういうところからも唐土では万事につけてゆったりペースであるのが分かる。日本ではどんな裕福な家であろうと燃えている薪に油をそそぐなどとても考えられない。

さて彼等が朝夕、粥に砂糖を入れるのは保養のことを考えてのことである。昼飯はいたって豪勢で、鶏・猪・魚・菜など十以上の品がある。それも貴賤を問わず一緒になって食べる。オランダ人なら身分の低い者には粗食しか与えないので、この点ではオランダ人は唐人に劣っている。

米は唐米で大粒ではあるが、味は淡泊である。[*2] あちらから運んできた兵糧が尽きると日本の米を食べるが、その場合でも熱湯でさっと煮てから食べる。そうしないと腹にもたれて、ちょうど我々が糯米《もちごめ》を食べたときのようによろしくないのだと言う》

唐人たちの薪のくべ方や食事の方法など広川の観察は細かい。封建制度の中にあって、下人に粗末な食事しか与えないオランダ人は、唐人に劣ると断言しているのは、当時としてはめずらしい。

*1 今日では中国でもすしブームが起きており、隔世の感がある。

*2 これはインドなどで栽培される、インディカ米のこと。

『長崎古今集覧名勝図絵』を参考にしたもので、唐人たちが等しく食事をしている様子が描かれている

39 唐韻《とういん》不便のこと

《わが国では漢字を訓読《くんよ》み（漢字を和語にあてて読むこと）にするが、唐人は韻《いん》（漢字の音のひびき）で読む。韻音で語る方がいかにも微妙な表現ができそうに思えるが、じつはそれは不便で、訓読みの方が良い。

　その証拠に長崎の唐人たちを見ていると、応接の際に手振り身振り*を用いる。それなしでは互いに通じない事が多いようだ。それというのも、正確な韻音となれば学者でなければ知らないし、土地が異なれば、その韻が変わるのでかえってどれが本当か明らかでなくなる。そういうわけで彼等は必ずジェスチャーをまじえないと事が通じないのである。

　朱華緑地《しゅかりょくち》という唐人は、私が前回遊学中に（一七九〇～三）長崎に来て、京都に帰る時にたむけの漢詩を書いてくれた学者であるが、長崎の御役所内の万事閑静な中で粛々と事が進められて行く様子を見て大いに感じ入り、ある人に次ぎのように語った。

「わが朝廷では高官が政事《まつりごと》において命令するさえ言葉に容貌（顔の表情）を交え、とても閑静には行かぬ。いわんや論争で決断を下すとなれば、いよいよ大騒ぎとなってすったもんだの末にようやく結論にたどり着く。貴国の役所での言語閑静なうちにすみやかに通達される様子はまことに感心するばかりだ」

　緑地は学者なので正直なところを語ったのであるが、その他の唐人ときたら、たとえ感心しても、負け惜しみを言って自国の不利な点は一切口にしようとはしない》

＊「手振り身振り」は、底本では「仕方」と書かれてある。

40　唐人船の綱をつくること

《唐人が綱をつくるに当たっては、先ず官に届け、広い町を借りきって、四、五十人も人が集まり朝から晩まで大騒ぎしてようやく完成する。そこに行くとオランダ人は蘭船の中に素晴らしい器具があって、それが風を受けて車輪が回転するに従い捩れて綱が出来あがる。一向に人力を労することはない。

ある時、日本人が綱のつくり方にかけてはオランダの方が勝れているではないか、となじったところ、唐人は「オランダは小国だから機械を使って人力を省かないと、やっては行けない。唐は大国なので人数も多く、そんなことしなくとも諸事自ずから事が成る。もしわが国でオランダの真似をすれば、人が余って暮らしに困る者が出るではないか。そんな小国のやることは貴国でも学ぶ必要はないのだよ」と言い返されたという》

この話は、西洋の機械文明に対する日本人と中国人との違いを語っていて面白い。

幕末の日本人は蒸気船ひとつにしても、いちはやく反応した。幕府はオランダから艦船を購入し、各藩は自分たちの手で作り上げようと涙ぐましい努力をした。さらに幕臣たちにオランダ海軍長崎伝習所で航海術・海洋学・気象学を学ばせ、ついに海外に留学生を送ったりもした。そうした努力によって、帆船から蒸気船へ、外輪船からスクリュー船へ、青銅砲から鋳鉄砲へ、木造船から鉄船へという十九世紀のヨーロッパで起こった近代化の波に乗ることができた。大国中国ではなく、小国オランダに学んだところに日本の近代化の鍵があったと言えるだろう。*

＊ 近代産業と連動したこの動きは、「ネイバル（軍艦の）・ルネサンス」と呼ばれている。

唐人が船の綱をつくるには
まず官庁に届《とど》けを出し—
広い町を借りうけます
そこに四五十人もあつまって
終日《しゅうじつ》大さわぎしたすえようやくつくり上げます
そこに行くとオランダ人はちがいます
あのオランダ船の中にはふしぎな車がありまして
その車が風を受けて回りますと……
クル
クル
その回転にしたがって自ずと交索《こうさく》して綱が出き上ります
一向に人力を必要としないのです

これを知った長崎の人が
蛮人の方が進んでいるではないか!
と唐人をなじったところ
唐人は向に平気で
ジャ〜
オランダ小さい小さい国あるね
工夫して人力を省かないと
万力《まんりき》
その国やっていけないある
石火矢《いしびや》
中華の国とても大きいヒトもたくさん
小さなオランダのマネする
ヒト余るヒト困るね
そんなマネ日本もするいけないあるよ
……
……
といわれたそうであります

41　唐人の服薬《ふくやく》

《唐人が病気にかかり、医師が薬を調合するのを見ていると、およそ百グラム（三十匁）ほどの大剤を用いる。しかし水の量は日本の半分。日本なら四合のところが二合でいい。

　薬の切り方は非常に大きいが、いたって薄く切るので日本の薬刀《やくとう》では切れない。その図はのちに掲載する。＊

　唐人の好みによっては、日本の医者に診察を乞うこともある。そのとき診察が終わって、その病気と薬法、薬味までも紙に書いて見せると、唐人は薬の善し悪しや製法まで細かく聞いてくる。

　たとえば、桂皮《けいひ》の産地や、麻黄《まおう》の産地を告げるとさらにそれを見せよと迫る。舶来の良薬を見せてやると、それは良くないとぼやきながら自分の手回りから薬味を出して、これを調剤せよと請う。見れば桂枝《けいし》、大黄《だいおう》、茯苓《ぶくりょう》、半夏《はんげ》など別して見事な品ばかり。交易で運んできた薬品とは雲泥の差がある。このことから彼等が薬を輸出する場合、彼の地での二流品を日本向けなどと定めて運んできているのが分かる。

　ところで逆に日本人が病を得て、唐人の医薬を乞う場合がある。その際唐人は必ず医案（カルテ）を紙に書いてくれる。その調合を見るに、たいていの場合一味だけの配剤になっている。それはなんとなく胡散《うさん》臭くてある種の信仰の様にも思えるが、これが不思議と効く場合が多い。そんなとき彼等はとても自慢してみせる》

　広川が医師として、中国の医師とかなり親密に交わっていたことが分かる。面白いのは、一味だけで効く中国の高級な漢方薬に、「これが不思議と効く」と嫉妬したような書きっぷりである。また中国人医師の自慢を悔しがっている様子も窺える。

＊　一三三ページ参照

桂皮

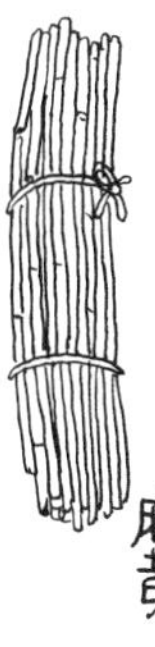
麻黄

42　李《り》仁《じん》山《ざん》の医案（カルテ）

《浜町。物兵衛児三歳。痘後大便瀉。大約是脾胃失其運化。法富復衰弱。

而瀉自癒。但多目瞠。有慢驚之兆。尚発慢驚即医技窮矣。

（浜の町の物兵衛さんの三歳になる子供が、痘瘡のあと下痢が続いた。これは内臓が正常に働かないためであろう。したがってその衰弱を治せば自ずから下痢は癒る。しかし、目を見張るのが多いのは、ひきつけの兆候である。もしひきつけが続けば手の施しようが無くなるかもしれない）

人参、三分。焦白木、五分。製半夏、五分。炮薑、三分。炙甘草三分。陳皮、五分。白茯、八分。廣木香、二分を湿紙に包み燻らせる》*

* 底本ではもう一つの症例の医案が書かれてあるが、省略した。

下図は『古今集覧名勝図絵』*より。医者が患者の脈を計りながら、容体を記録させている。途中に仲介者が入るところが、いかにも中国らしい。

※長崎文献叢書第二集第一巻　長崎文献社

43

陸明斎《りくめいさい》の浄瑠璃《じょうるり》のこと

《陸明斎という唐人は、しばしば長崎にやって来るので日本語にもほぼ通じ、浄瑠璃なども語れるので、彼の地で賓客《ひんきゃく》があるときには、彼を雇って浄瑠璃を演じ饗応《きょうおう》する事があるという。浄瑠璃はきっと丸山遊女から習ったに違いない。得意の演目は、忠臣蔵の三段目だと言う》

下図は『古今集覧名勝図絵』*から模写したもの。

＊長崎文献叢書第二集第一巻　長崎文献社

①近頃、松前の者
唐土に漂流し
陸明斎の舟で
戻ってきました
②この漂流人の
噂《うわさ》に曰く－

《近ごろ松前藩の者が唐土に漂流し、陸明斎の船で帰国を果たした。[*1] 漂流民たちの話によれば、唐のあちらこちらを送られて、陸明斎の宅にたどり着くと、彼は大の日本贔屓《ひいき》だもので、室内まで日本流の席がこしらえてあり、お膳やお椀に至るまで日本のものを用い、日本料理をもてなされたので、もはや本国に帰ったような心地がしたという。それは念の入った厚いもてなしだったようである。ただ、自宅に逗留の間、婦人は見かけなかったようで、十二、三歳の陸明斎の娘なる者が、お茶など出してくれたそうだ》

『長崎名勝図絵』[*2]によれば、陸明斎は浙江省の人。安永の頃より年々長崎に来て、日本流儀を好み、大町という遊女から浄瑠璃を習った。「高砂」も謡うことが出来た。最後は唐人屋敷で亡くなっている。

＊1　『長崎古今集覧』（長崎文献叢書第二集第三巻）によれば寛政七（一七九五）年に、奥州仙台の者九人が陸明斎の船で長崎に戻っている。「松前藩の者」というのは誤りであろう。

＊2　『長崎名勝図絵』　長崎史談会刊　昭和六年

44

唐の婦人

《時々わが国の者が漂流し、唐人が長崎に連れて帰る。そういう漂流人たちの話によれば、あちらでは婦人はみだりに外出しないらしい。したがって往来で婦人を見ることは稀である。

　あちらでは婦人の手足は細ければ細いほど称賛されるようで、貴婦人ともなれば特に小さく細い。ひとりでは歩行困難な程で、左右から助けられて行く。*

　南京に逗留中、日本人を見ようと男女がおしかけて来たが、高貴な婦人は皆助けられてやって来たという話。その見物人たちはいずれも手土産として菓子のようなものを持ってくる。それを集めておいて後で売ったところ、小遣いどころかちょっとしたお金になったらしい。とはいうものの、あちらにも貧しい人達はいて、洗濯婆のような婦人が来て衣類の洗濯はないかと尋ねる。十四、五銭も払えばていねいに洗濯してくれたという》

＊　これが纏足《てんそく》であるのは言うまでもない。唐時代の末にはじまり、清の後期に到るまで止まなかったという。

南京ではわれわれ日本人を見ようと多勢の人が押しかけてきましたが高貴の婦人は皆支えられて見に来たものです
見物人はいずれも菓子のような手土産《てみやげ》を持ってきます。これを売って小使い銭に替《か》えましたが使いきれない程ありました
もっとも中には貧しい人もいて洗濯婆《せんたくばばあ》の類《たぐい》が洗いものはないかと尋ねにきます
綿入れひとつ十四・五銭も払えばていねいに洗濯してくれました

45 唐人の蹴《け》ること

《はっきり言って唐人の力量は、雲泥《うんでい》の差をもって日本人に劣る。彼の地でも日本人一人を相手にするには、唐人七、八人で当たると言われている。

とはいうものの、向こうには靴で身軽に相手を蹴るという術がある。これは日本人が知らないところで、それに気づかないまま彼らを一概にあなどって、朝鮮人からやられたことがある。

そのときは一人の朝鮮人に、日本人が七、八人も打ちのめされた。したがって彼らと一戦を決するときは、先ず蹴りを頭に入れて置くべきで、これさえ気をつけていれば、唐人の七、八人はもとより、二、三十人であっても、容易に屈服させることができるだろう》

かつて相手を軽く
みた日本人が一人の
朝鮮人から…
逆に七・八名も
蹴倒《けたお》された
ことがあります
というワケで
唐人と事を
論じる時は
蹴ってくることを
頭にいれておく
ことが大切です
それさえ
注意して
いれば…
二・三十人でも
たやすく屈伏《くっぷく》できる
でしょう

46 唐人無力《むりょく》のこと

《力に於いては唐人は弱く、我が国の者が担う三分の二以下の荷物を、だらだら汗をたらしては十歩、二十歩行くだけで、もうへたり込んでしまう。だから麦などを轢《ひ》いて粉にするときにも、その回し手を牛につながないで、回転させて粉にする。唐人の挙動は総じて緩慢《かんまん》と言える》

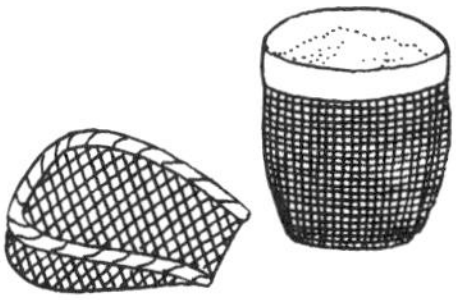

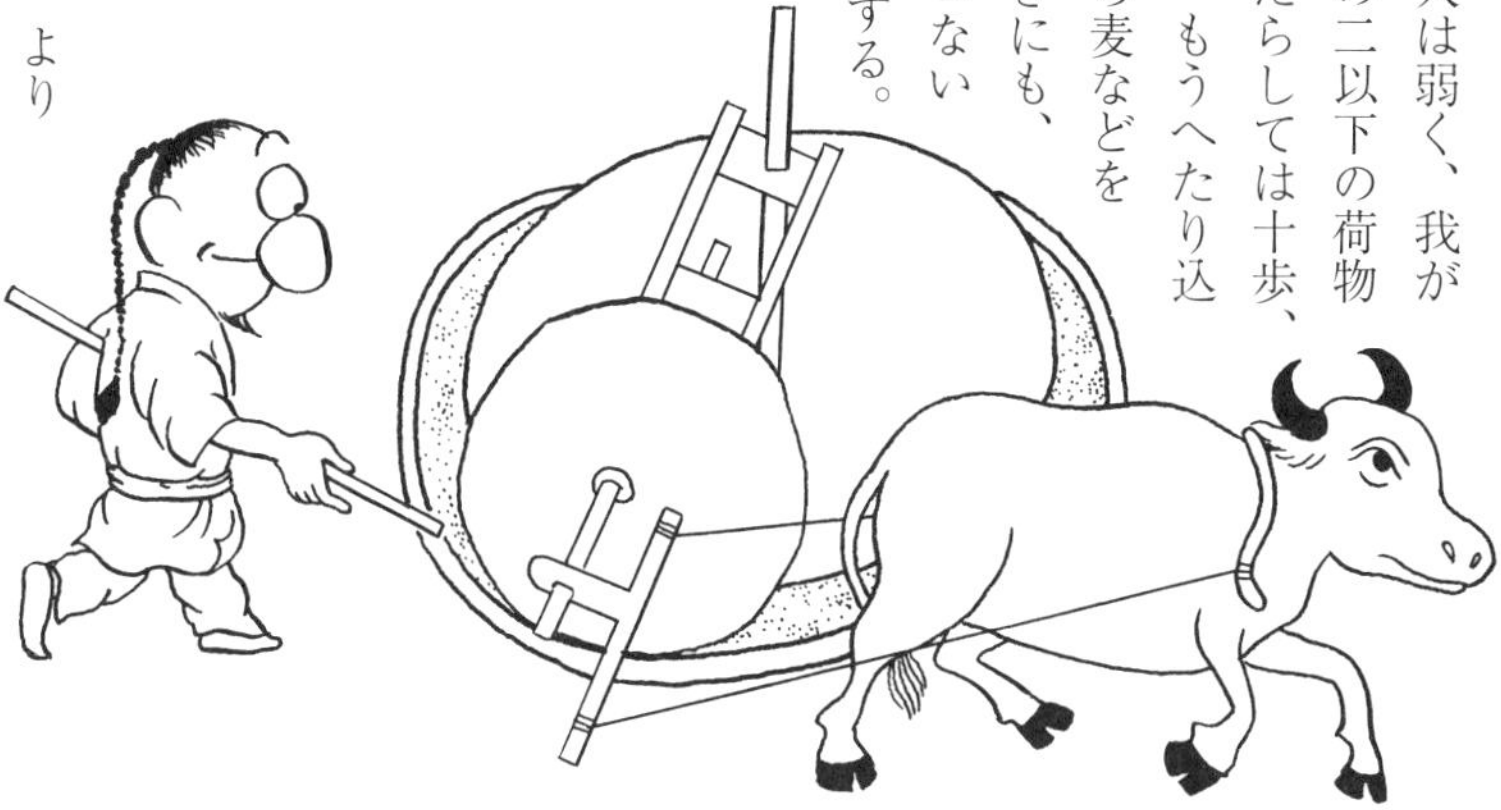

漢書『天工開物』より

唐人は力弱く
日本人の三分の一にも足りない荷物でも
ドッと汗を流し
二・三十歩も行くと…
ドサッ
休息します
zzz…

47 唐人の空談《くうだん》（ほら話）

《唐人には無駄ばなしのくせがあり、信用できないところがある。

かつて程赤城《ていせきじょう》という唐人が来たことがある。[*1] 今でもところどころでその墨跡を見受けることがある。長崎のある人が彼に向かって「中華にこの頃何かめずらしいものはないだろうか?」と問えば、「橄欖鳥《かんらんちょう》がありますな」と答えた。「で、それはどんな鳥か?」と尋ねると、「大きさは橄欖の実くらいで、かたちも良く似ている」と言う。[*2] そこで橄欖鳥を持ってきてくれるように何度も頼んでみたところ、「なに、あれは冗談だよ」と答えたそうだ。

この程赤城という人物は唐人の中でも学問にも優れ、書に於いても有名なのに、それでもこのような中味の伴わないことを平気で口にする。況わんやその他の唐人の説などは信用できない場合が多い》

＊1　程赤城は二十歳頃から日本に通いはじめ、米・日本酒・味噌汁・漬け物が好物で、帰国するときにはこれらの品々を携えて戻るほどだった。学者でもあり、雅人として日本でも高名だったことが、橘南谿の『北窓瑣談《ほくそうさだん》』にも書かれている。

＊2　橄欖については26の項目を参照のこと。その実は三センチしかないので、そんな鳥がいたとすれば極めて小さくとてもめずらしい鳥ということになる。

その墨跡《ぼくせき》はいまでも多く残されています
ある時、長崎の人が程赤城に
近ごろ中華に珍らしかもんはなかでしょか?
と尋《たず》ねたところ…
橄欖鳥《かんらんちょう》アルヨ
という返事
そりゃ初耳ですたい
大キサモ形モ三センチほどの橄欖ノ実ニ似テ
ヨッテ橄欖鳥トユウアルネ
たのむけん日本に連れてきてくれんね
こん通りこん通り
ところがいつまで待っても持ち運んできません
プイ
どげんしたとォ?
ドウモコウモナイ
空談アルヨ
文事もあり書などが立つ者でこうなのです
いわんや他の唐人の説などは信用できないことが多いのです
ほら貝
プオ〜。

48　唐土の藁《わら》のこと

《唐土の藁は光沢がなく、折れやすく、縄につくっても長持ちしない。これは唐土の穀類に膏油（油脂分）が少ないからではないだろうか。とにかく、唐人たちは日本の藁が潤沢《じゅんたく》で、縄にすると丈夫で強く、何事にも役に立つのを賞嘆してくれる》

唐人は日本のワラの
調法《ちょうほう》なのにおどろき
称讃《しょうさん》の声を上げます

49

善哉餅《ぜんざいもち》のこと

《唐人屋敷内では、善哉餅あるいは南京茶飯と言い、看板を出した店もある。餅は米粉でつくった餅で日本の餅とは異なる。[*1] 冬になると館内を売り回り、そのときには拍子木を打ち鳴らす。買いたい者はそれを聞いて家に招く。

　特に唐人は冬至を祝う時かならずこの餅を賞味する。長崎の人もこれを真似て、善哉餅を食べて冬至を祝う。とりわけ唐通事[*2]たちの家には客の出入りが盛んとなる。もちろん善哉餅を食べに行くのである。

　善哉餅の食べ方は京都の食べ方となんら変わるところはないが、団子がいたって小さく、鉄砲玉くらい（一センチほど）。善哉の中に餅を入るのは、この唐人の風習から来ている》

＊1　つまり上糝粉《じょうしんこ》でつくった団子餅のこと。

＊2　唐通事とは唐貿易関係の一切を処理する人々。中国人の末裔が多かった。

ことに唐人は冬至を祝して必ずこの餅を口にします
長崎の人もこれを真似て冬至祭りをします
わけても唐通事には来客多く
ぜんざい餅でもてなすそうです
京都のぜんざいと異るところはなく
ただ団子が弾丸のように小粒であります

50　唐人幽霊のこと

《唐人はよく幽霊のことを話題にする。唐人屋敷にも「幽霊堂」なるものがある。あちらで言う幽霊は、腰から下のないわが国のものとは異なり、一身すべて兼ね添えている。だから履き物も響かせるし、白昼にも現れる。誰それをあそこで見た、彼をここで見たと言うような話をする。それを確かめるすべは無いが、大海をはるばると渡ってくる途中に、虚しく亡くなる者は大勢いるわけで、彼等の遺恨が幽霊となるのかも知れない。

　昔、名前は忘れたが、博識多聞の学者がやって来た。長崎の人々は、この人物に学ぼうと官に願い出て、先生を唐人屋敷から出して唐通事の屋敷に寄寓させたことがある。数ヶ月後、たまたま隣家の娘が急死すると、この先生毎夕、戸の隙間から隣家を熱心に窺うのである。不審に思った主人がそのわけを尋ねると、「いや、日本の幽霊が見たくて…」と言う。主人は「いえ、いえ、日本では幽霊など滅多に見られませぬ」と答えると、先生は怪訝《けげん》そうな顔をしたそうである。このことから察すれば、中国には幽霊が多いのだろうか？　よく分からない》

　柳の下に現れる日本の幽霊のイメージは、円山応挙の絵によって拡がったと、どこかで読んだことがある。

　一時期テレビで中国の幽霊が活躍するドラマが放映されて、「キョンシーブーム」なるものが起きた。それは清の時代の風俗で確かに全身で現れていた。ただし、どういう訳か両足で飛び跳ねて動いていたのを憶えている。

幽霊も文化なのである。

唐人はよく
幽霊《ゆうれい》を話題にします
実際館内にも幽霊堂《ゆうれいどう》が置かれています
彼の地で流行する幽霊はこちらのそれとは異なり一身すべて備えています
キョン
キョン
なにアレ…
やァねェ
下半身があるのよ
履音《くつおと》もしてたわ
それも真っ昼間から…
イメージくるっちゃう
ハッキリしたことはいえませんが…
万里の大海の途中で空しく死ぬ者も多いワケで…
ポク
ポク
ポク
その遺恨《いこん》が幽霊になるのでありましょう
グォ〜ン

さて昔彼の地より
博学多聞の学者が
やってきました
長崎の某通事《つうじ》
彼より学問を
学びたく…
自宅に住まわせる
ことを官に届け
許されました
かくて数ヶ月…
忌中
その隣家の娘が
にわかに亡くなった
のです!
すると
かの先生…
毎夕戸の隙間から
隣家をうかがうでは
ありませんか!!
先生!
何のマネで
しょうか?
ワタシ日本ノ
幽霊が見タイ
アルヨ
でも日本では
そんなに幽霊は
出ませんよ
ウッソー!!
この話から察するに
彼の地には幽霊が
うじゃうじゃいる
のでしょうか…

51　唐人の流れ勧請《かんじょう》（神仏の霊を迎えること）

《この地で亡くなる唐人も多く、ややもすれば唐人屋敷内を幽霊が徘徊するので、ときどき仏事の供養をする。

普通の勧請の場合は、二メートル（一間）ほどの舟をつくり、諸荷物諸器物などをすべて紙でつくり僧を招き読経を修し、その後唐人屋敷を出て、舟を近くの海辺まで持って行き焼き捨てる（これを小流しともいう）。

これを本格的に修するとなれば、十メートル（四五間）はあるかと思われる舟を二艘つくる（これを大流しともいう）。一つは出船で、もう一つは入り船である。出船で亡くなった人は出船で、入り船で亡くなった人は入り船で弔う。この船に諸荷物諸道具、家猪《ぶた》や鶏《にわとり》に到るまで実際に船に積む様子をそのまま再現するので、その費用たるや三十貫目は必要となる》

《こうしてこさえた祭船を直ちに海に浮かべ二キロメートル（半里）ほど漕ぐ。その道すがら金鼓を鳴らし、喇《ら》叭《っぱ》を吹く。それを見物する船もたくさん出る。こうして、神崎《こうざき》（長崎湾の入り口）まで漕いだら唐人は皆上陸し、船

を岸に引き寄せ火を放ってすべてを焼き捨てる。唐人たちは祭船に向かって、ひとりひとりが三拝して退く。また棒使いが二人いて黒い衣を着て、黒い布を頭に巻き、棒で金鼓に合わせて船が焼け終わるまで様々に棒を使う》

ここに見る唐人たちによる「流れ勧請」こそが、長崎でお盆に行われる「精霊流し」の原型であることは、誰の目にも明らかであろう。

52　唐人生き物を殺すこと

《古人曰く、紫蘭《しらん》の室に入りて、久しければその香を知らずと。およそ人の善悪も習い性《せい》となるものである。

唐人を日本人と比べると、彼らの気質はいたって弱い。身体から血が出ると、びっくりして駆け回る。或いは仲が良かった友人が死去するのに出くわせば、声高に慟哭《どうこく》して悲しむ。

そんな彼らが、鶏や家猪を殺すときには、野菜を切るのと変わらないほど冷静である。われわれには痛ましく可哀想に思われるが、彼らは全然平気である。また仏事を修するに、われわれはことさら殺生を禁じる。唐人はそんなことはない。彼らの仏事供養にしても、祭船に鶏の雛や家猪の仔などを生きながら乗せて焼いてしまう。火が近づけば、悲鳴をあげて泣き叫ぶので日本人なら耳を覆いたくなるが、唐人は平気なものである。

これは他でもない。ただ慣習に馴れてなんにも感じなくなっているのである》

それはそれは大変な泣き叫びよう
くく…
…
…
しかるに……
しかるにですぞォ
ニワトリやブタ、一切《いっさい》の生物を…
キュ
ぶちっ
ぶちっ
トン
トントントン
トン
それはまるで野菜を刻むかのようです
我が国の人なら傷ましく思う所ですが…
唐人の方がよく忍びます
ケロリ

また仏事を修《しゅう》する際に…
わが国ではことさら殺生《せっしょう》を禁じますが…
彼の地ではそうではないようです
そもそも仏事である流《なが》れがんじょうの祭船に
ピヨ
ピヨ
ピヨ
ピヨ
ヒヨコや子ブタを生きたまま積んで…
火を放つのです!!
カチ
カチ
炎や煙が近づくと
キ
キ
ピィ
ピィ
とても聞くに忍《しの》びないのに…
なまんだぶ…
なまんだぶ…
でも唐人は平気です
これすべて習《なら》いが性《せい》となった結果でありましょう

53 長崎聖堂

長崎の儒学は正保四（一六四七）年、佐賀出身の儒医向井元升《むかいげんしょう》が立山に聖堂を建てたことにはじまる。元升はまもなく京へ上り、聖堂も火災に遭ったりしたが、延宝四（一六七六）年、長崎奉行牛込忠左衛門《うしごめちゅうざえもん》の肝いりで南《なん》部草寿《ぶそうじゅ》を祭酒（総長）として中島川添いに再興された。これを中島聖堂という。南部草寿、帰国ののちは向井氏の三男玄成《げんせい》が引き継いで、門下に西川如見を初めとする多くの優れた学者たちを排出した。

ときあたかも中国では明が滅び清に変りつつあったので、中国から難を避けて多くの中国人が長崎に流入し、この際長崎では小さな文化革命が起きた。そのなかには高僧や文化人も多く含まれており、長崎の儒学は彼等を受け入れることで大いに発展した。

なお中島聖堂の大学門（左図の真ん中の門に当たる）は現在、寺町の興福寺《こうふくじ》境内で見ることができる。図とはまったく異なり、実物の前に立てば襟を正したくなるほど素晴らしい門である。

林子平は長崎聖堂について「聖堂には和・華・蘭の書籍がおびただしく入れてあり、人々が読書に精を出し、博覧となり、万芸の元となるよう備えてある」と、*まるで今日の図書館であるかのように記録している。

＊『林子平全集』第一書房　昭和五十三年

《聖堂は長崎の東北の隅、伊勢宮の近辺にある》

もとより実物をみたことがない絵師の手によるもので、かなりいい加減に描かれている。漢字は扁額などに書かれている文字のことであろう。

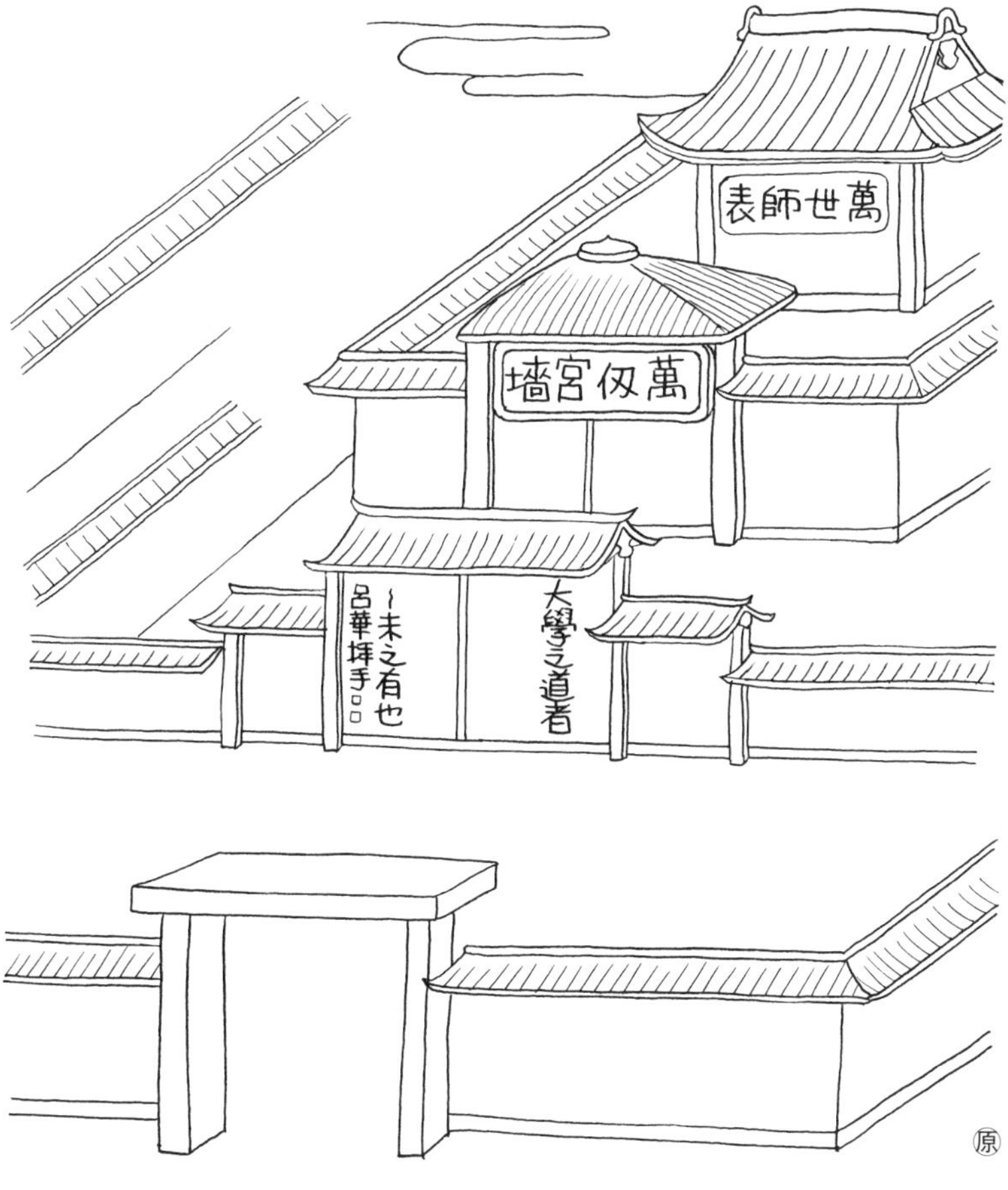

54 講堂の扁額《へんがく》並びに聯《れん》

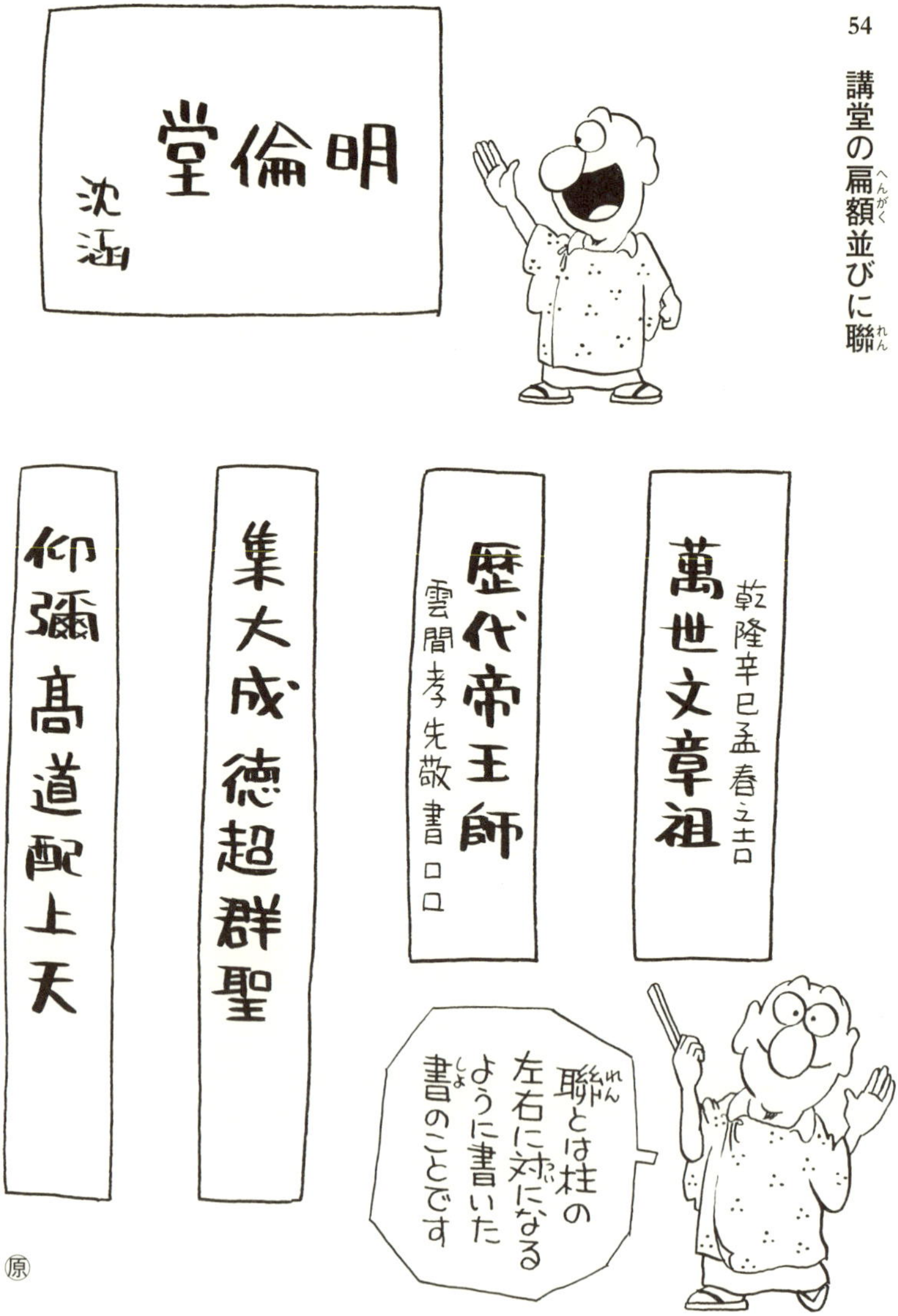
明倫堂
沈涵
萬世文章祖
乾隆辛巳孟春之吉
歷代帝王師
雲間孝先敬書
集大成徳超群聖
仰彌高道配上天
聯《れん》とは柱の左右に対《つい》になるように書いた書《しょ》のことです
原

55

唐人墓

《唐人の墓は崇福寺《そうふくじ》、興福寺、福済寺に多くある。墓石の後の棺を埋めたところに、大きな石を置く。そのかたちは図の通り》

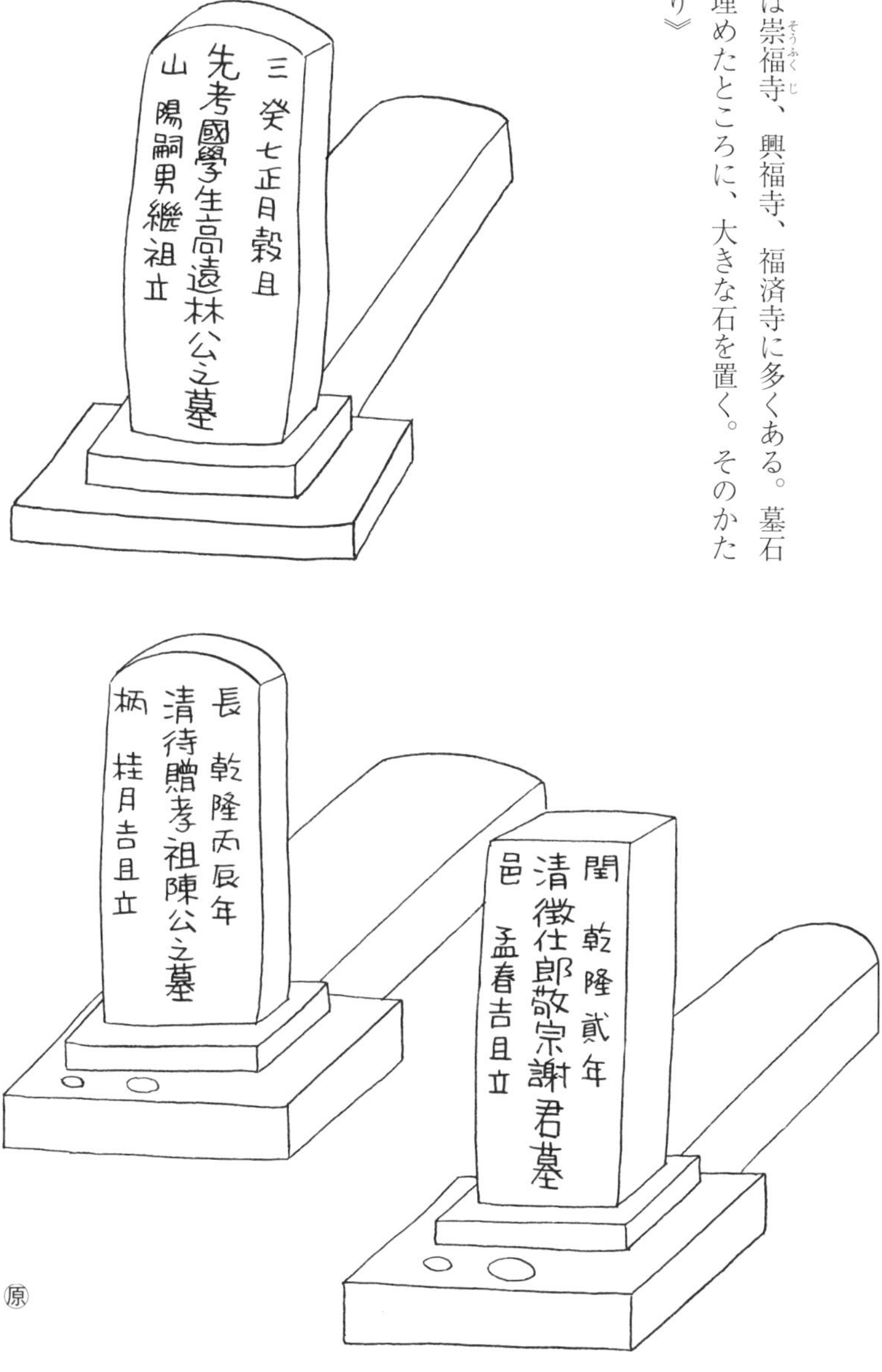
三 癸七正月穀且
先考國學生高遠林公之墓
山陽嗣男繼祖立
長 乾隆丙辰年
清待贈孝祖陳公之墓
柄 桂月吉且立
閩 乾隆貳年
清徵仕郎敬宗謝君墓
邑 孟春吉且立

(原)

司馬江漢の『西遊旅譚』より模写したもの。二頁で一対となっている。

唐人の墓は
臥したまま
の格好で
葬ります

56　オランダ人の墓

《オランダ人の墓は、長崎湾の対岸、稲佐村（現在は町）の悟真寺《ごしんじ》にある。

昔、或るカピタン（出島のオランダ商館長）が船中で亡くなり、その亡骸を砂糖漬けにして運んで来て、この寺に葬たものが今日でも残っている。[*1] しかしカピタン以外のマタロス[*2]や黒ぼうたち[*3]の墓ともなれば、犬馬の死に等しくただ埋めるだけである。またそれが船中であった場合は、彼等は海中に捨てられるのだという。

カピタンの墓といえども、花や線香が手向けらることもない。ただその恩寵に授かった丸山遊女のみが参拝に来るくらいだ。墓に文字を彫ることもなく墓の前に三つ石を建て、寺僧が墓の謂われを漢字で彫っているが、それも摩滅して読めなくなっている。墓のかたちは図の如し》

この項には謎が多い。悟真寺にオランダ人の墓が残っているのは事実であるが、彼等の墓はいわゆる寝墓であって、この図のように石段があり囲いを持つカピタン

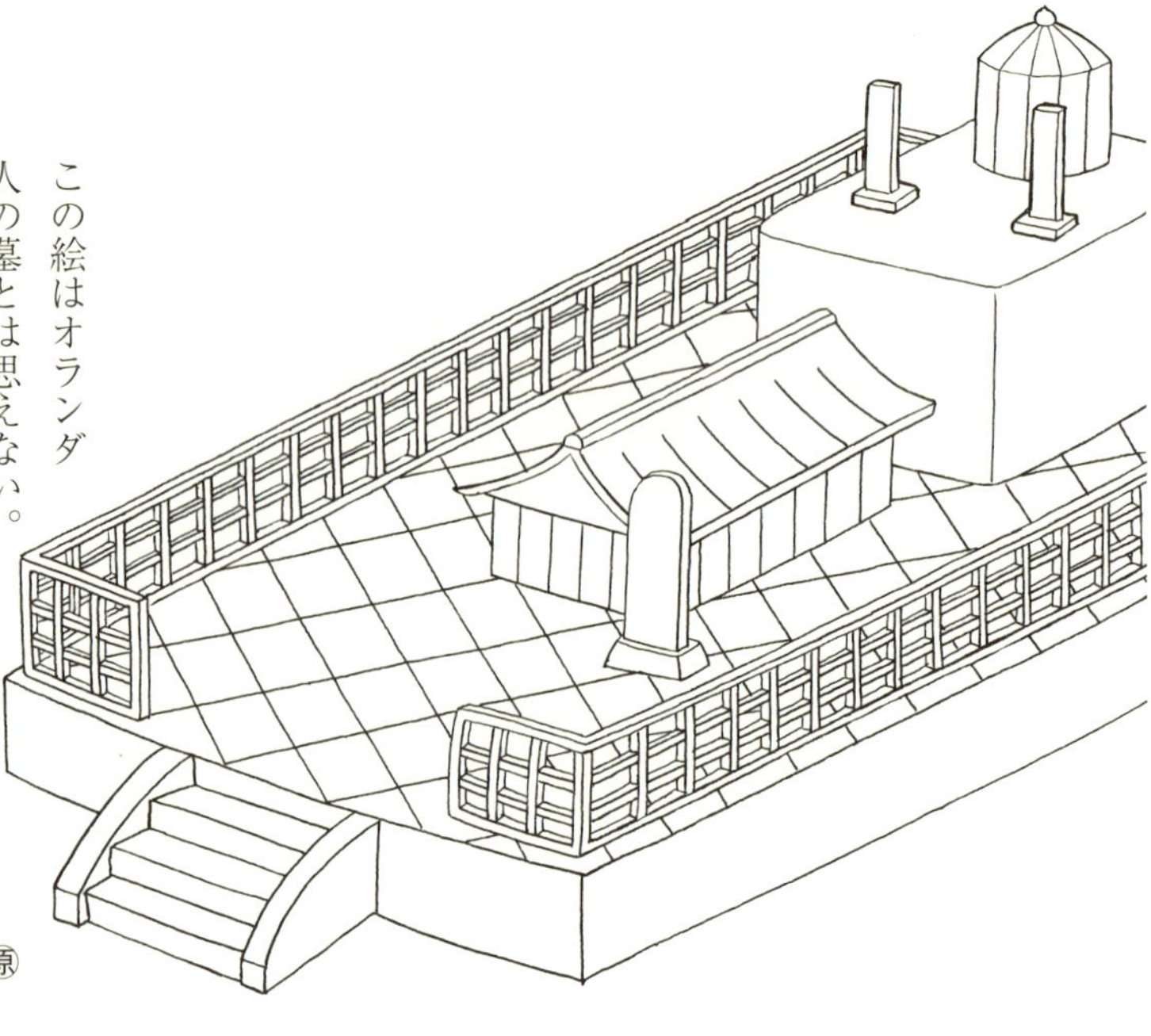

この絵はオランダ人の墓とは思えない。

(原)

の墓は見られない。

　それから「墓に文字を彫ることもなく」と言うが、そんなことはない。手向けの言葉や死者の生涯のことなどがオランダ語できちんと刻まれている。それは同時代に長崎を訪れた司馬江漢が『西遊旅譚』*4の中に寝墓を写生していることからでも明らかである。

　おそらく、広川は自分では悟真寺に出かけたことはなく、人からの伝聞に自らの想像を加えて書いたのではなかろうか。

＊1　この船中で亡くなった人物はカピタンではなく、一六四九年、バタビアから日本に遣わされたブロックホビウスという大使であった。それまではオランダ人は何人と言えども日本には埋葬されなかったが、これを機に悟真寺に限り埋葬が許されるようになった。
＊2　マタロスとは下級船員を意味し、のち日本語の「マドロス」に転化する。
＊3　黒ぼう（坊）とはバタビアで雇われたインド、東南アジアの人々を指す。
＊4　『司馬江漢全集』八坂書房

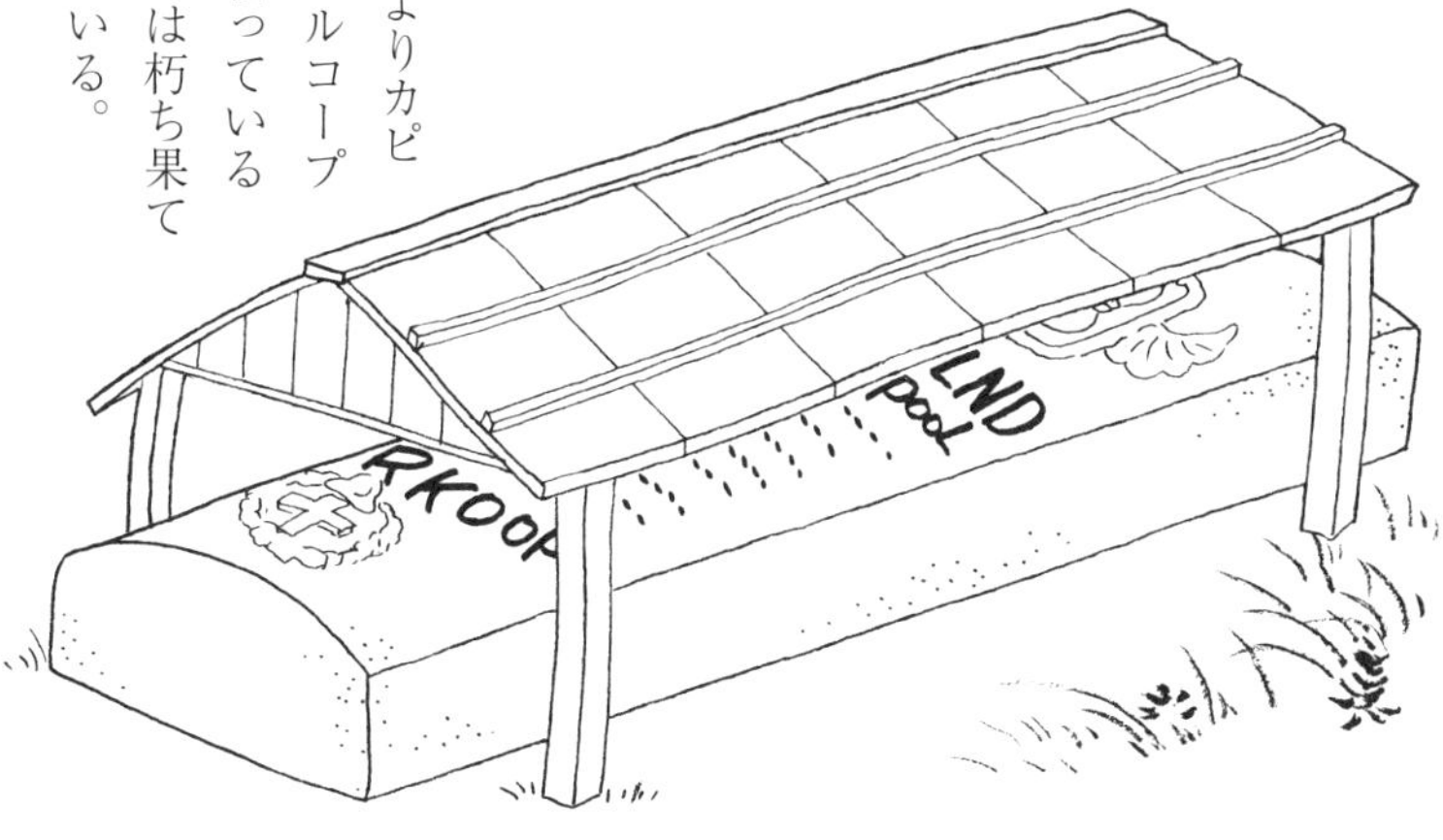

司馬江漢の『西遊旅譚』よりカピタン・デュールコープの墓。墓を覆っている屋根は現在では朽ち果てて無くなっている。

57 東海《とうかい》の墓

《東海家の墓は春徳寺《しゅんとくじ》にある。東海は唐人の末裔で長崎の訳官である。この人は生涯を懸けて、墓の補修を行ったので、「東海さんの墓普請《はかぶしん》」（手間ばかりかかって埒《らち》があかないこと）と言うことわざが生まれるほど、墓に財産を費やした。私はこの目でそれを見たが、すべて石彫りで様々な巧みが尽くされている。かつては金銀で飾られていたが、盗人に残らず奪われてしまった。それでもなお、その細かな細工は感嘆に価する》

　橘南谿の『西遊記』に、「その広大美麗なこと日本第一というべし」とある。幕末の志士吉田松陰もこれを見に来ている。もちろん現在でも見ることができる。

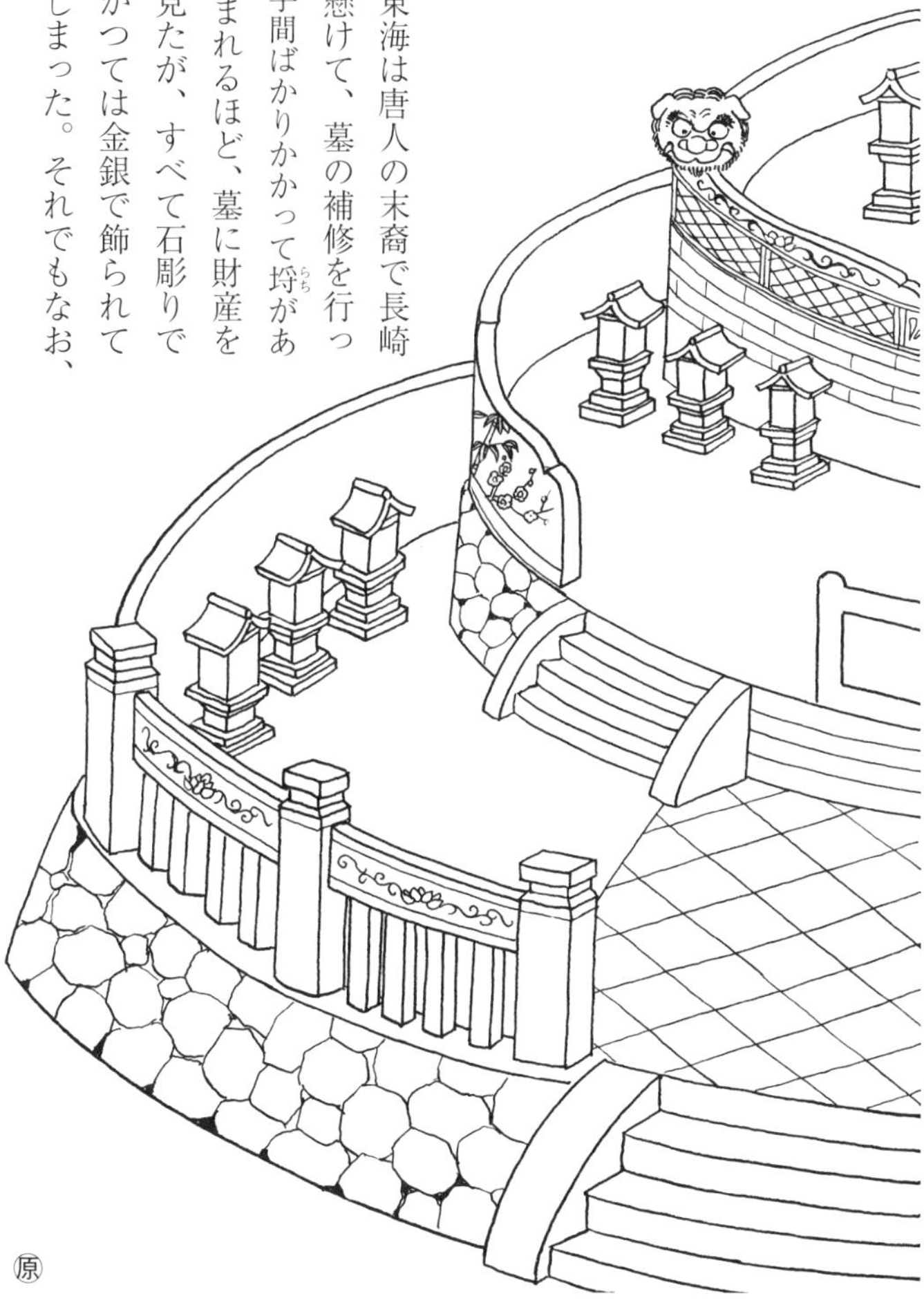

(原)

流れ勧請の図

『古今集覧名勝図絵』より模写。唐人屋敷の入口の当りで、精霊船を燃やしている。右上では棒使いが舞っている。左下ではお札を火の中にくべているのが見える。

巻の三

巻の二につづいて唐人に関する記事が集められているが、広川の得意とする漢方薬に重点が置かれている。朝鮮人参、肉桂をはじめとするさまざまな生薬が登場する。

ここでは「広東人参」について少し触れて置こう。

朝鮮人参は言うまでもなく最も有名な漢方薬であるが、その詳細と薬効がヨーロッパに伝わったのは一七一六年であった。それは中国に入ったフランス人イエズス会士によって、母国に報告され、さらに当時「新フランス」と呼ばれていた、カナダのモントリオールで同種のアメリカニンジンが発見された。

この人参はやがて中国向きの輸出品となり、まもなく日本へも入ってきて広東人参と呼ばれた。おりしも国内では幕府が国産朝鮮人参の栽培に力をいれようとしてた矢先で、安い広東人参が入って来るのが危惧され輸入が禁止された。

その後、国内産の人参も生産が高まり価格が下がったので、その時点で再び広東人参の輸入が許可される。しかし広川が長崎に来たときには、その広東人参がさらに安価になったために再び輸入が禁止された。したがって彼は広東人参を「近ごろは持ち渡らない。昔入ったものは稀である」と紹介しているのである。

ちなみに長崎の漢方屋さんは老舗が多く、今でもガラス瓶に漬け込んだ様々な生薬をウィンドーに展示しており、それらを覗いて歩くのも長崎の楽しみ方のひとつである。

ところで、江戸期を通して長崎にやって来た中国人は、大部分が清国からやって来たのに、何故「清人」ではなく「唐人」と呼ばれたのであろうか。

じつは清が北方から明を攻めたときに、清に従おうとしない人々が長い間抵抗した。鄭成功《ていせいこう》もその一人で、台湾を本拠地として清と戦った。彼らは自らを唐王の支配下にあると考えて「唐人」と称した。清が台湾を統一したのちでも、唐人という言葉が生きていたことになる。

58　**唐人屋敷**

《唐人屋敷[*1]は東北に山をかたどり、西南に出入りの門がある。その三方は厳しく二重に囲みがあり、[*2]無用の者はみだりに入れない。

私は縁故を求めて唐人屋敷に入り詳しく見たことがある。中には菓子屋、煮物屋、薬屋などの店がある。またあるとき、船主陸明斎《りくめいさい》の客として招かれ、饗宴を受けた。普通の唐人の各部屋の入口には必ず額聯《がくれん》[*3]が掛かっている。たこともある。器物はすべて唐の焼物で、それを載せる台は日本製である。その品数の多さは、あたかも仏家百味の飲食《おんじき》にも匹敵し、その品々はどれをとっても食べ馴れない珍品ばかり。

ほんの少しだけ例を挙げると、小麦粉で包んで油で揚げ、梅のようなかたちをしたものがある。これを口に入れるとぽりぽりと歯触りが良く香ばしくて、甘みが何とも言えない。どうやってつくるのかと尋ねてみると、鶏の骨を砕き一日中砂糖で煮詰め、それを麺粉で包み油で揚げるのだという。また、細いタケノコを塩漬けにしてそれを日に干したもの。これは塩味の中に何とも言えない甘みがある。これは蘆筍《ろしゅん》[*4]を塩漬けにしたものである。或いは、家猪や鶏をさまざまに料理してくれる。ことに燕巣《えんそう》[*5]の酢のものにいたっては、唐に於いても格別の賓客にしか出さないものなのに、それをもてなしてくれる。

酒はもとより陶器に入れて出される。唐酒は苦味の中にわずかに酸味がある。好みによっては日本酒も出す。主人は下戸らしく、自分の代わりの者を遣わし杯を交わし、相手をしてくれる。また給仕人五六人ほどが近くにいて、ときどき酒茶にいたるまで持ち運びする》

（一〇六頁へつづく）

＊1　底本には唐人館とある。
＊2　唐人屋敷は深い壕と、その外側に高い柵があり番人が常に目を光らせていた。
＊3　額聯は左右の柱に相対してかけ、漢詩などを掲げて飾りとする細長い板。
＊4　蘆筍とは葦の芽のことを言う。**91**の項にも登場する。
＊5　燕窩《えんか》ともいい、東南アジアのアナツバメが海藻を唾液で固めて作った巣。**82**の項も参照。

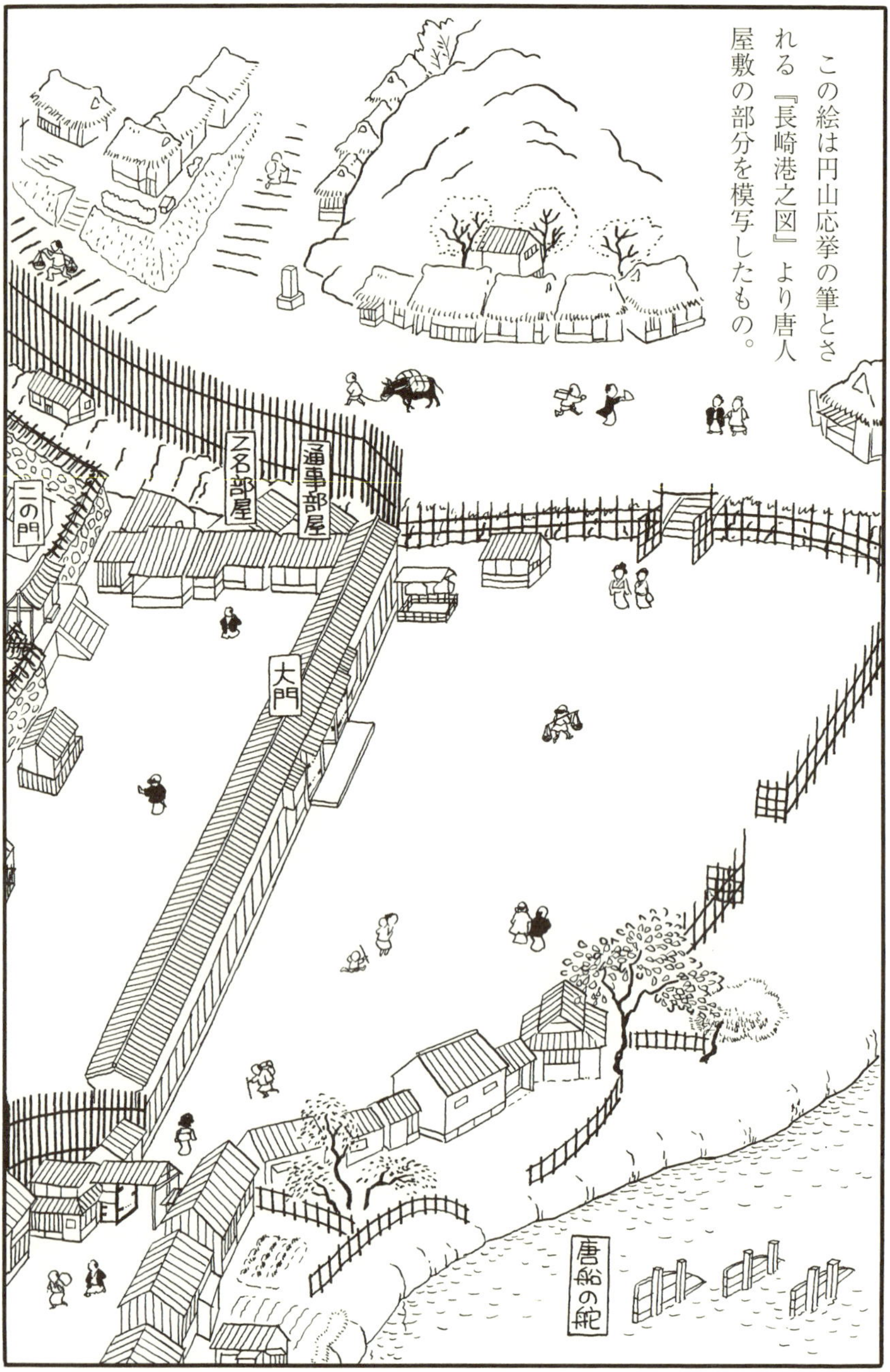

この絵は円山応挙の筆とされる『長崎港之図』より唐人屋敷の部分を模写したもの。

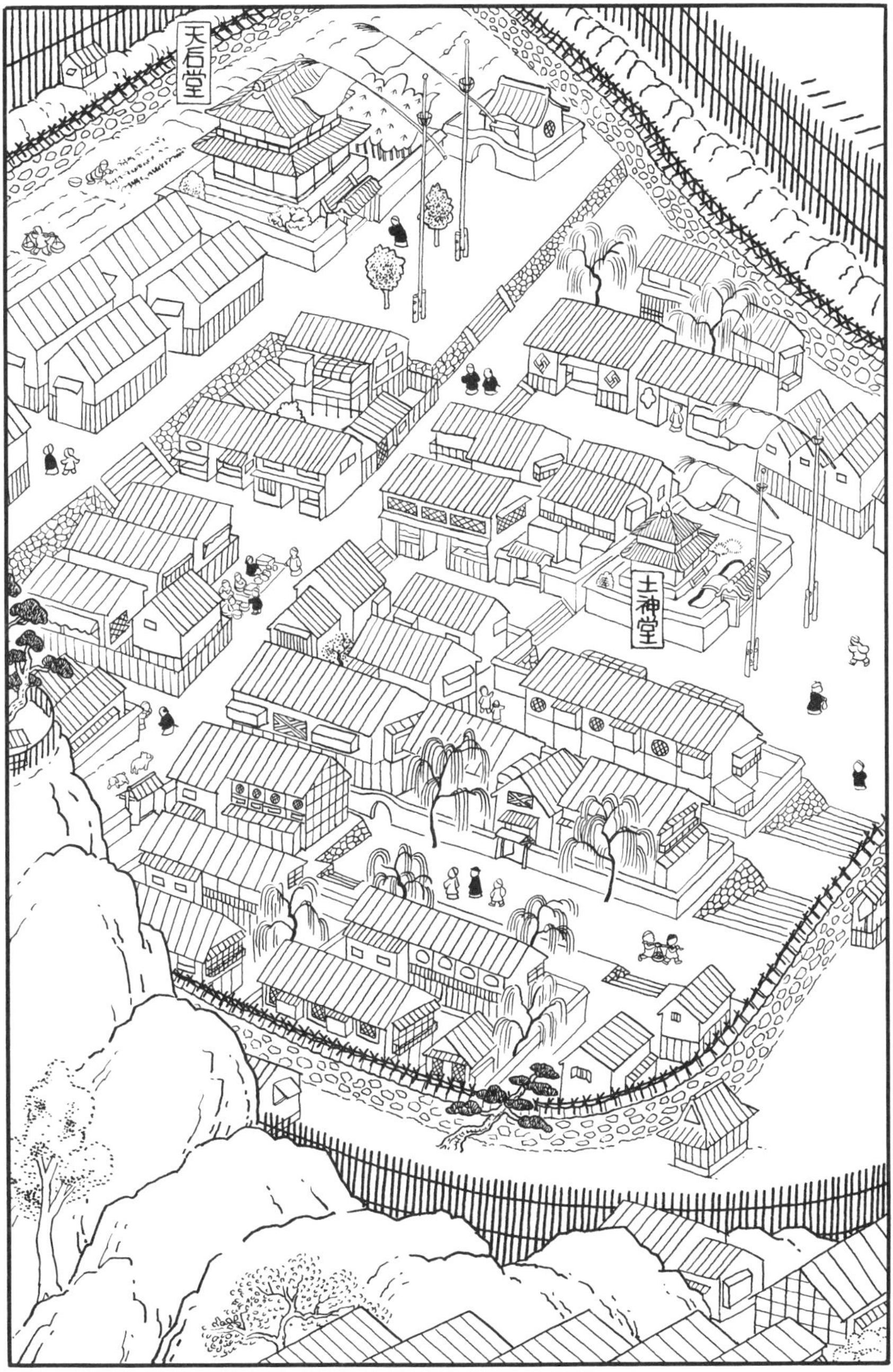
天后堂
土神堂

《さて、酒宴もたけなわとなると、主人が興に乗じて、芸者を呼んで酌を取らせる。また、誰もが懐から扇を出して記念の書を請うこととなる。すると主人は魏元春《ぎげんしゅん》という十七八歳ほどの者を呼び出し、筆を執らせる。高い机（当時の日本人は座り机）と椅子が*6あり、魏元春がその椅子に腰掛けて、数十の扇子を一気に揮《き》毫《ごう》する》

*6　底本では曲彔《きょくろく》とある。法事の際、禅僧が座る背もたれと肘懸けのある椅子のこと。当時の日本人には椅子に腰掛ける風習はなかった。

《それが終わると唐茶が出され、菓子には雲片膏《うんぺんこう》（後出**94**）、月餅《げっぺい》（後出**93**）、連環《れんかん》（小麦粉をを練ってよじり輪にしたものを油で揚げる）、かすていら（カステラ）、色んな蜜漬け龍眼《りゅうがん》*7などが出される。余った菓子は紙に包んでそれぞれ懐中に入れて持ち帰る。
　主人は終始椅子に座ってもてなし、客が帰る段になると椅子から立ち上がり見送ってくれる。これこそが本当の一大感興である》

*7　龍眼はムクロジ科の常緑高木の果実。果汁に富み蜜のように甘い。

59　新春の賀札

《唐人屋敷には役人たちの詰所があり、新年には各詰所に赤い紙を用いた年賀の札を持って来る。その図は左のようなもの》

司馬江漢も賀札に興味が湧いたをみえて、『西遊旅譚』*の中で、「幅四寸三分、長さ八寸五分の赤い紙に書かれた年始の手札」と図解している。

＊『司馬江漢全集』

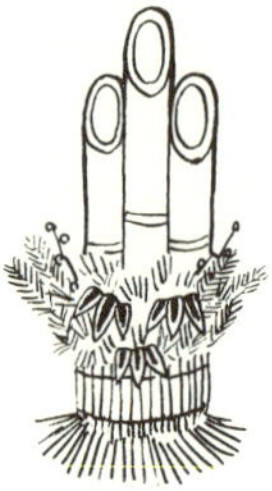

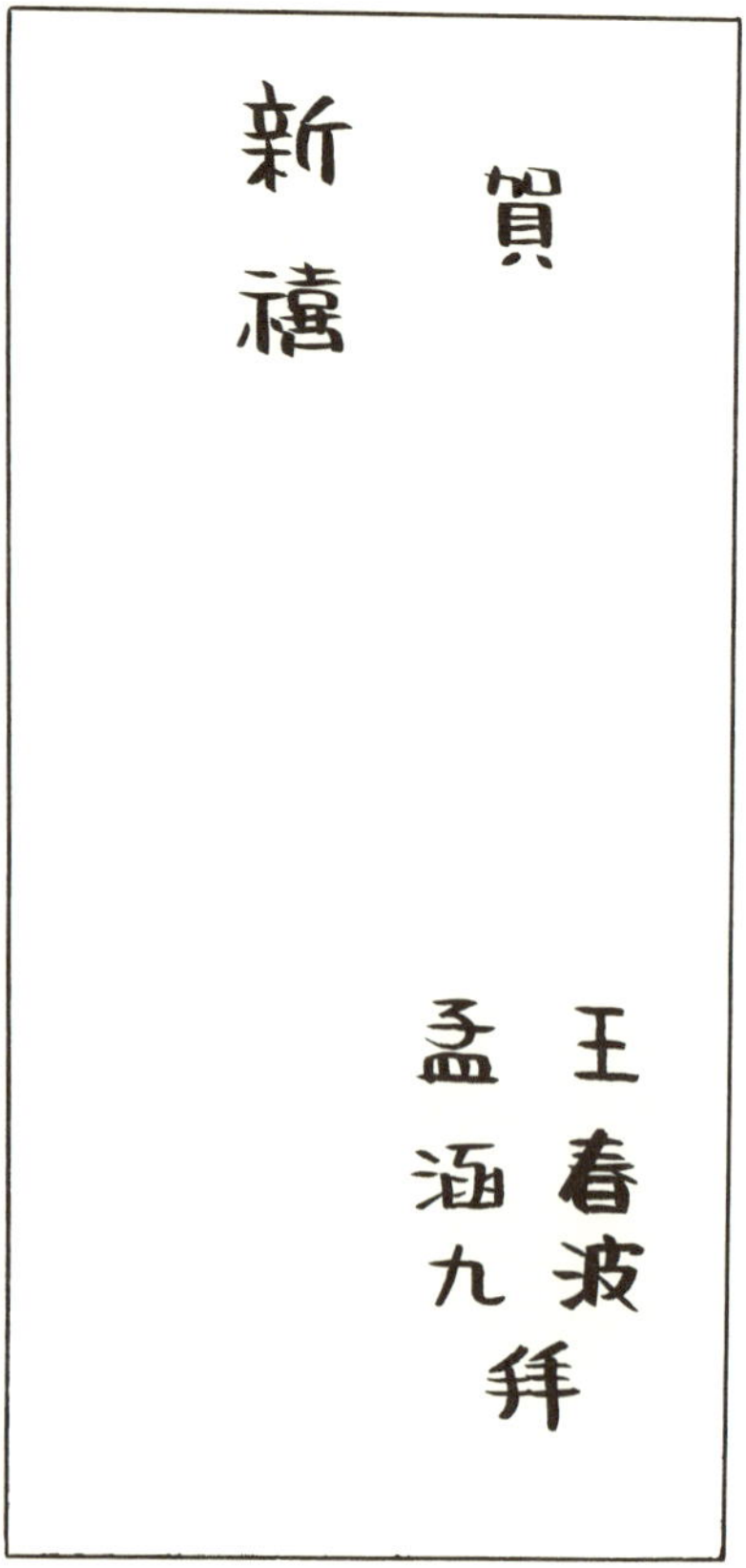

㊉原

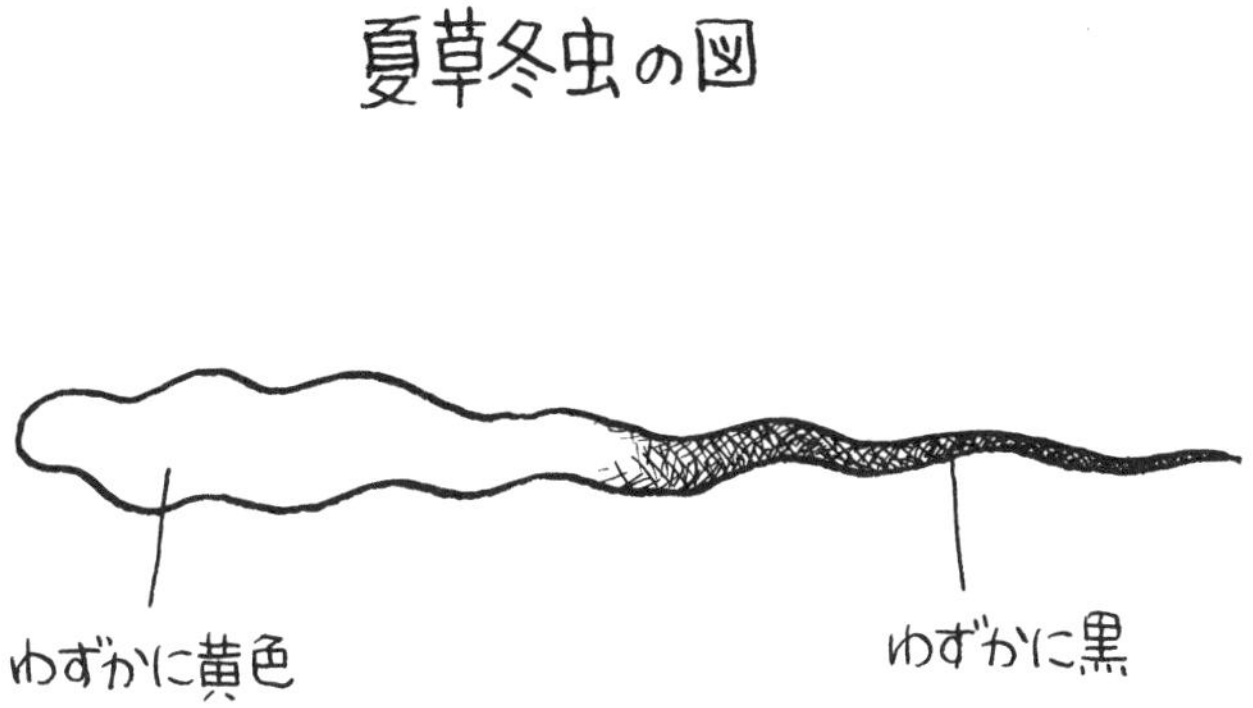

(原)

60 夏《か》草《そう》冬《とう》虫《ちゅう》

《夏草冬虫は近ごろ唐人が腎薬《じんやく》として持ってくる薬物。唐人の間では非常に珍重されているようだが、わが国ではあまり知られていないので、安い値で買い取ろうとすると唐人の多くは持ち帰る。

この薬はもとより本草《ほんぞう》（生薬）であるが、それに関する古書も見あたらず、その効能についてもハッキリしなかった。私はたまたま、『書隠叢説』という清朝の本の中でそれを見つけたので、参考のためにその文を抽出して掲げようと思う。*

長崎では「冬虫夏草」と称されているが、同書によれば「夏草冬虫」と出ている》

広川は自分で漢書で確かめた「夏虫冬草」にこだわっていたが、彼の意に反して現在でも「冬虫夏草」が使用されている。これは地中の幼虫や蜘蛛などに寄生して子実体を生じる菌類で、漢方薬として珍重される。

＊　底本にはその漢文が書かれてあるが、あまり意味もないので省略した。

61　鳳凰城《ほうおうじょう》

《鳳凰城とは人参の極上品を言う。朝鮮に龍頭山があり、その山の南側に産する人参である。この山の北は唐（中国）で、北側に産するものはどれも劣る》

朝鮮人参は、今日われわれが料理に使うニンジンとはまったく異なる。それはウコギ科の植物で、馬が好きなニンジンはセリ科の植物である。

朝鮮人参は対馬藩が朝鮮との交易を通じて入手し、独自に販売するしきたりであったが、唐船も自国に入った側で採れた人参を長崎貿易で販売した。またここに言う山の北朝鮮人参は唐人参とも呼ばれ朝鮮人参に劣るとされたが、輸入価格は決して安くなかった。したがって、この鳳凰城という人のかたちに良く似た極上品となると、目玉が飛び出るほど高価だったに違いない。

62　羊角人参《ようかくにんじん》（左図の長い方）

《この人参も唐人が運んでくる。高級品で肉は透き通り琥珀色に近い。どこに産するかは知らない》

『サラダ野菜の植物史』*によれば羊角人参は五寸人参ともいう。

＊　大場秀章著『サラダ野菜の植物史』新潮選書（二〇〇四）

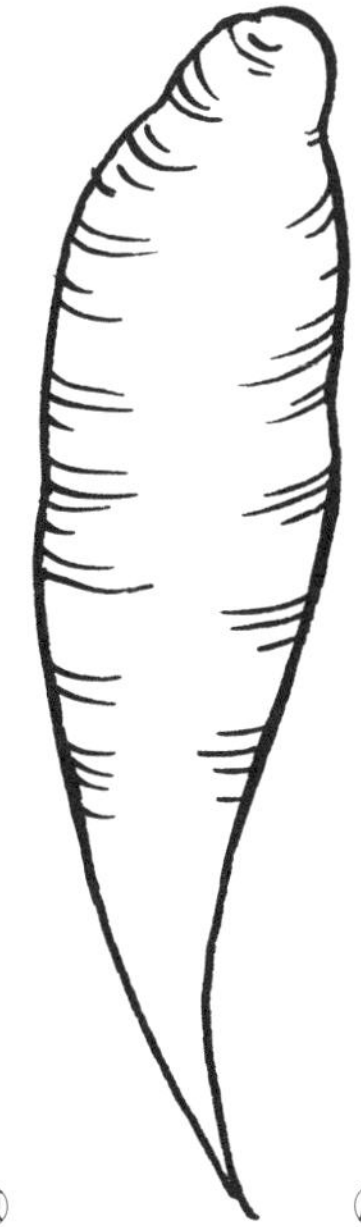

原

原

63　玉人参《たまにんじん》（上図の丸い方）

《この人参は弾丸のように丸く黄色く透き通り、切れば水分が多い。羊角人参の腐食した部分にそっくり。上質の人参で近ごろは運ばれてこない。昔入手したものが稀に出る》

またの名を三寸人参とも言う。前掲書『サラダ野菜の植物史』によれば、前項の「五寸人参」もこの「三寸人参」も西洋系の朝鮮人参で、『長崎聞見録』（一八〇〇）によって初めて日本に紹介されたと言う。

これらの西洋系の人参というのは、十八世紀初期にカナダで発見された唐人参の近縁種で、十八世紀になると、アメリカ船やイギリス船によって中国の広東に運ばれてきたところから、日本人はそれを広東人参と呼んだ。当時国内産の朝鮮人参よりも価格が安かったので幕府は国内産を保護するために輸入禁止とした。広川の言う「どこに産するか分からない（カナダという国は認識されていなかった）」や「昔入手したものが稀に出てくる」という記述と一致する。

64　交趾《こうち》肉桂《にっけい》

《肉桂《にっけい》の上質なものとなると唐にも稀で、交趾（現在のベトナム）ということになる。私が見たものは中品で、錫《すず》の壷に紙で包まれ密閉されていた。この中品でも一斤で五百目もする》

肉桂はクスノキ科の常緑高木。樹皮は桂皮《けいひ》と称し芳香を放つ。桂皮を乾燥したものが健胃薬となったり香辛料として利用される。

㊊

駄菓子屋で売られているニッキやニッキ水も、元を正せばこの肉桂から来ている。

65

交址陳皮《こうちちんぴ》

《交趾の陳皮（蜜柑の皮を乾かした生薬）は陳皮の中でも上質である。唐人はそれを運びやすいようにして持って来る。その工夫にはちょっと感心させられる。先ず皮を五つに裂き、白い部分をできるだけ取り去ったのち、二十枚もの皮を重ね、真っ赤な絹糸で十文字に括り束ねる。

その値は一斤で二三十匁もする。唐土で王侯・貴族が使用するものにいたっては、六七十匁もするらしい。薬味としても薫香剤としても尋常の品ではない。陳皮も極上品は長崎にあり、国内で販売されているものとは雲泥の差がある》

㊢

66 銀膏《ぎんこう》

《銀膏は本草にも出ており至*1って良く効く。そのかたち重く、気を下し動を伏する。小児がひきつけたり喘息のときには、一二分を熊肝湯《ゆうたんとう》、薄荷湯《はっかとう》、生薑湯《しょうがとう》などで服用する。また、小児の胎毒、大人の黴瘡《ばいそう》*2にも効果がある。黴毒のひどいもので骨が痛んだり、鼻が爛れたり、陰部が欠落するようなときには土茯苓《どふくりょう》*3を服する。これは銀宝丹《ぎんほうたん》と称して、諸末薬四十匁に銀膏一二匁を調合し服する方法もある。その効き目はたちどころに表れ、めまいもなく、ただつかえていた大便が下るだけで解毒には一番の良薬である。ただし、高価過ぎて売られてはいない》

＊1　ここに言う本草とは中国の代表的本草書、李時珍の『本草綱目』を指す。
＊2　黴瘡は梅毒によるできものやかさ。
＊3　土茯苓は梅毒を治療する生薬、山帰来のこと。山帰来は俗語で、学者や医者は土茯苓を使った。

固まった膠にようで、銀色。

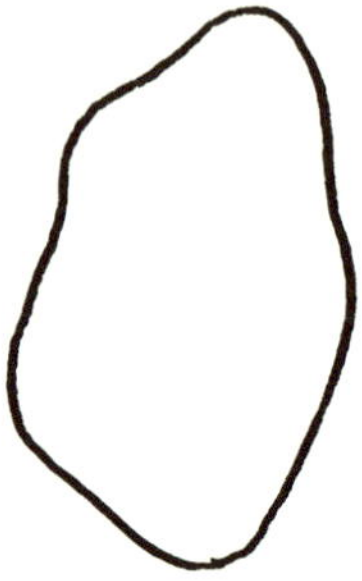

原

67 茉莉白《まつりはく》

《茉莉白は紫茉莉*1を搗き砕き、その髄液からつくると言う。かたちは固まった葛粉に似て純白である。それを火中に投ずれば爆発するのは煙硝《えんしょう》に似ている。その性《しょう》冷寒にして、解毒には最高の品。少し服すれば諸毒体内で解け、多く服すれば吐瀉して外に出る。およそ砒霜斑猫《ひそうはんみょう》（意味不明）あるいはソッピル*2などの大毒ならば、大黄《だいおう》湯《とう》*3に茉莉白一銭《ママ》を症状が出るたびに服用すれば良い。たちまち激しい吐瀉におそわれ、解毒して回復するであろう》

＊1　白井光太郎『植物渡来考』（昭和四年）によれば、オシロイバナとあるが、真偽不明。
＊2　ソッピルとは出島医師チュンベリーが伝えた梅毒の特効薬で、昇汞《しょうこう》（水銀水）のこと。オランダ商館医師チュンベリーはそれを大通詞吉雄幸左衛門に伝授した。ソッピルという言葉を知っているのは、広川が吉雄に蘭方を学んだ左証である。
＊3　大黄はタデ科の根茎を薬用にしたもの。甘草と共に生薬では多く使用された。

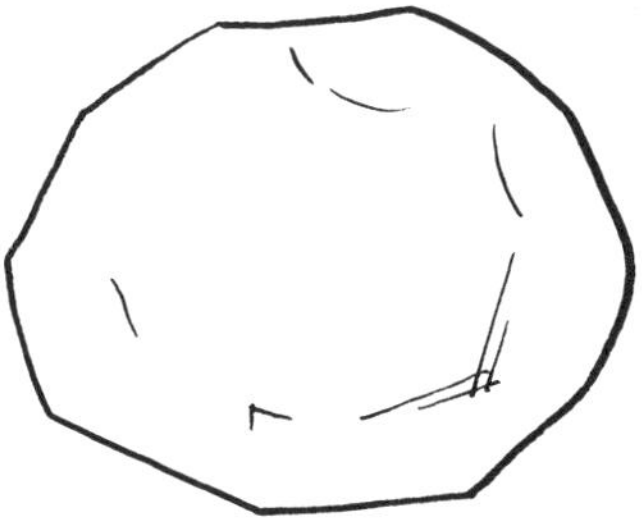

茉莉白の絵は無い。真っ白で膠が固まったようなものとして描いてみた。詳細は不明。

68 橄欖膏《かんらんこう》

《一名を青菓膏《せいかこう》とも言う。生《なま》橄欖に諸薬を調合してつくられる。魚毒、酒毒のようなものによく効く。唐人も多量運んでくるし、長崎でもつくられている》

原

69 茶膏《ちゃこう》

《茶膏は鬱のときや頭痛、また酒の酔いなどに服用する。色んなかたちのものがあり、長崎でも製するが、唐人の運んでくるものにはかなわない》

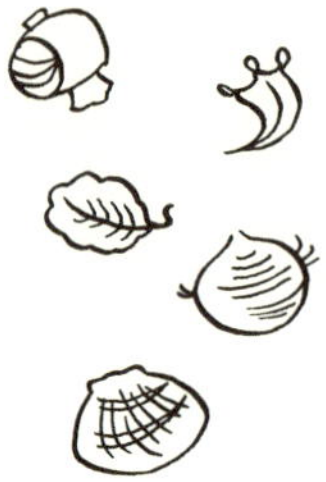

原

原

《このような茶膏もある》とだけ解説があるが、葉のままというのだろうか。意味不明。

70 何首烏《かしゅう》

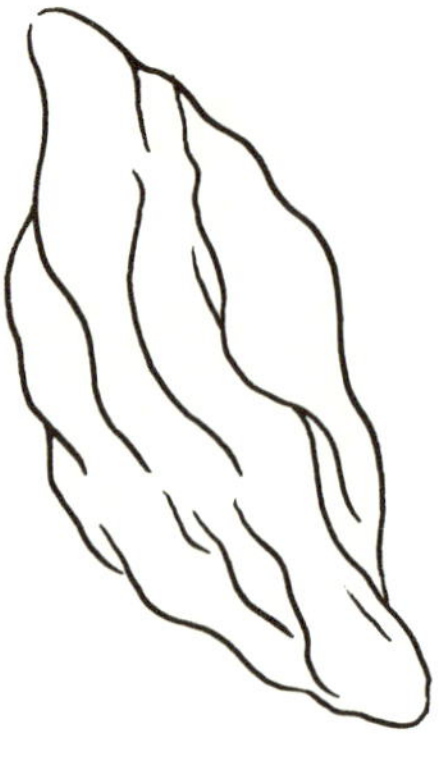

原

ツルドクダミの塊根である。何首烏とはこれを服用して長寿を保った古代中国の人名から来ているという。ツルドクダミは一七二〇年長崎に渡来し、各地に拡がった。その証拠に今でも長崎にはたくさん自生しており、秋の終わりにクリーム色の総状の花を見せてくれる。

(原)

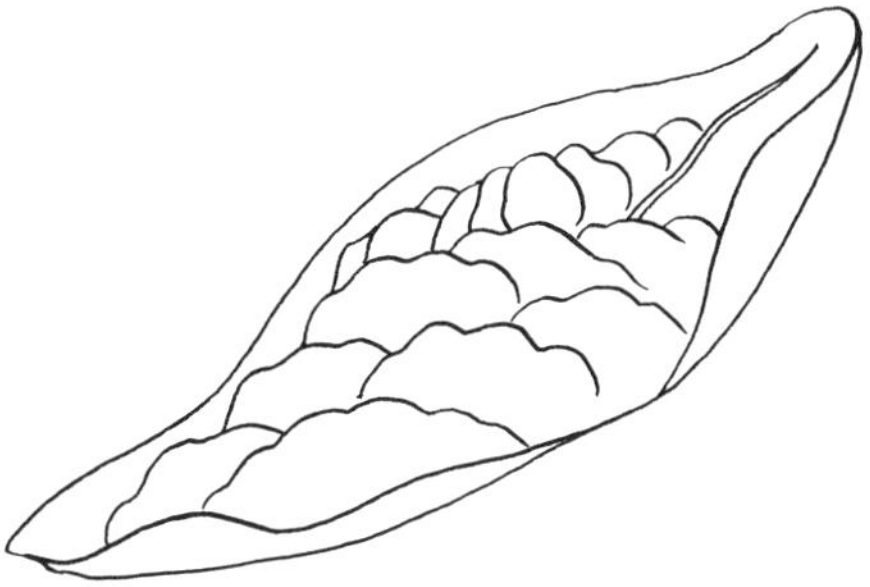

71 **千里茶《せんりちゃ》**（上右図）

《そのかたち弾丸の大きさ。喉の渇きをいやす妙薬で、胸がすっきりする。また気を下し、食が進む。暑中の旅には携帯したい良薬である》

72 **斑枝花《ばんや》***（上中図）

《綿である。綿には二種があり、ひとつは樹に似ており、もうひとつは草に似ている。図は殻を割ったところで綿で満ちている》

＊「ぱんや」とも言い、木棉《きわた》のこと。樹は中国南部に多く拳《こぶし》くらいの実を結び、その中に白棉があり、棉の中に種子がある。この白棉を斑枝花という。枕や褥《しとね》の綿に使えば最適。クッションのない時代、このぱんやは大変重宝された。草に似ているとされた綿とは、アオイ科の一年草で木綿《もめん》を収穫する。それを紡ぐと木綿糸になる。

73 **唐人の天南星《てんなんしょう》***（上左図）

＊天南星はサトイモ科の植物で、地下の球茎は生薬として利用される。近縁の約十種ほどのものが用いられ、鎮咳・去淡・健胃・発汗剤とされる。

74 象山貝母《ぞうざんばいも》*

《唐人が持ってくるものは、雪かと見まごうばかりに白い。大きさは図と同じくらい。見事なものである》

＊ 象山貝母は、象山で採れた貝母の意味であろう。貝母はアミガサユリのことで、中国が原産地。地下の白い鱗茎《りんけい》を鎮咳、去淡の生薬とする。

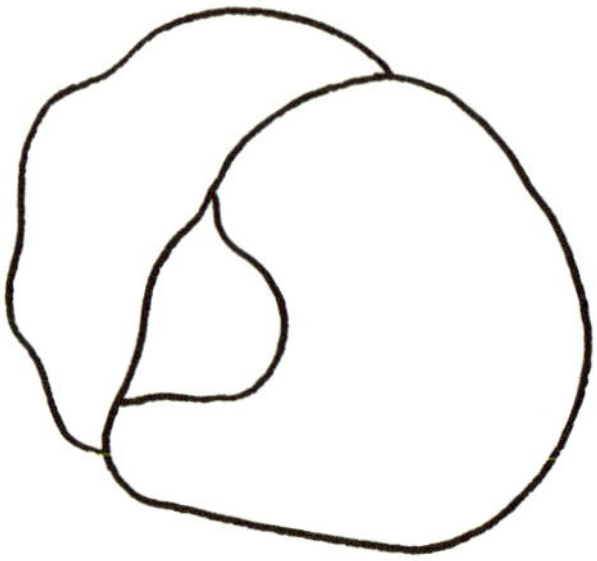

㊐

75 唐禹餘糧《とううよりょう》

《外面はほのかに黒く、内側はわずかに黄を帯びている。俗名イシナダンゴ、ハッタイイシ》

禹餘糧はベトナム中部で採れるユリ科の蔓性植物の芋状の地下茎。商品名は「山帰来《さんきらい》」すなわち土茯苓《どふくりょう》である。ベトナムでは俗に禹餘糧と呼ばれた。土茯苓はいったん広東に集められ、そこから日本やヨーロッパに梅毒の薬として輸出された。江戸時代の生薬の中でも群を抜いて多量に輸入された。

＊ 土茯苓については**66**の銀膏の項も参照。

㊐

76　木瓜《もくか》

《その色紫潤。説明できない》

『本草綱目啓蒙』によれば、「真の木瓜は享保年間に渡る」、「薬舗に舶米の木瓜あり。一寸半ばかりの長さにして縦に二つに切り、石榴《ざくろ》の尖ったようなかたちをしている」とある。

原

77　馬渤《まぼつ》

《深黄色の牛王《ごおう》[*1]に似ている。大きさは図と同じくらい。和名ヤブタマゴ[*2]》

「五六月、路傍の湿ったところや林中に忽然として生じる。根無く紫褐色。初めは小円にして馬の糞のごとし」と『本草綱目啓蒙』にある。つまり、ヤブタマゴ或いはオニフスベと呼ばれるホコリタケ科のきのこのことで、しばしば五十センチ以上に達する。触ると胞子が煙のように出る。図の大きさから見れば、その幼いものを薬用としたのだろうか。

＊1　牛の胆嚢に生じる黄褐色の胆石で薬用とされる。

＊2　底本には「ヤブタ」としか書かれていなかったので、訂正した。

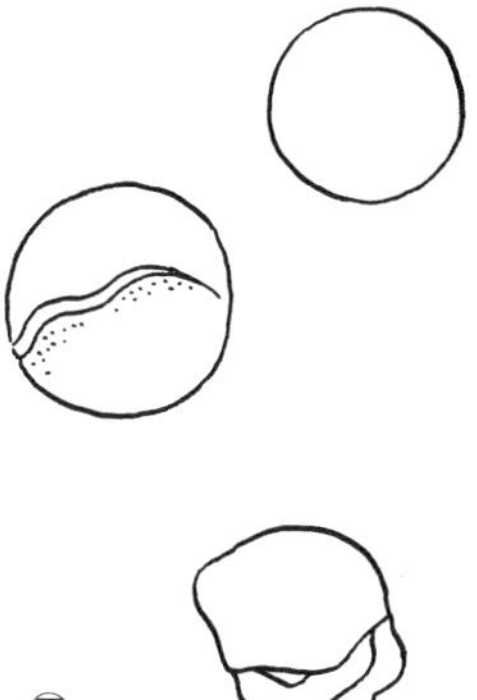

原

78　唐斑猫《とうはんみょう》（挿画の側に「色わずかに黄色」）

中国の斑猫は日本のそれとは異なる。ツチハンミョウ、マメハンミョウ、ミドリゲンセイなどがいる。いずれも甲虫で体長は一〜二センチ。艶があり青黒く腹は平たい。羽は退化して歩き回る。体内にカンタリジンという毒を含み、これが利尿剤または発泡剤として使われた。

原

この図には脚が一本も描かれていない。おそらく運ばれてくる途中折れて外れてしまったのであろう。

79　和斑猫《わはんみょう》（挿画の側に「ルリ色」とある）

日本の斑猫は「道教え」と呼ばれて毒はない。おそらく唐斑猫が薬になるところから、日本の斑猫も薬用にされたのであろう。

原

ハンミョウは昆虫なので六本脚なのに八本も描かれている。八本脚ならクモの仲間になってしまう。

80　石燕《せきえん》（挿画の側に「わずかに黒い」）

古生代の海生生物の化石。そのかたちが翼を拡げた燕に似ていたので（絵はそのように見えない）、古人はツバメが石に変じたものと考えた。石燕を酢に浸すと動き出すが、これは炭酸カルシウムが酸と反応して炭酸ガスを噴出するためである。石燕を薬とするのは、現在、われわれがサプリメントとしてカルシウムを摂取するのとまったく変わらない。

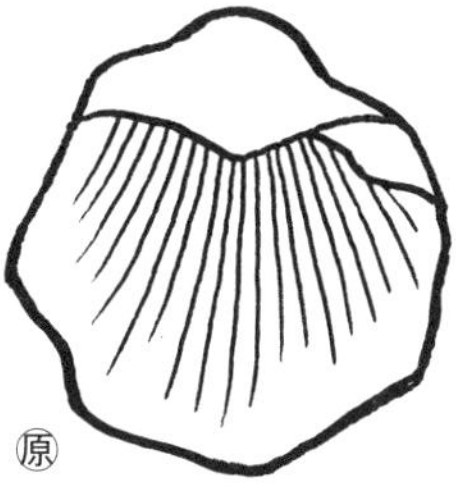

原

81　木賊石《とくさせき》（挿画の側に「漢名で鵞管石といい白色」）

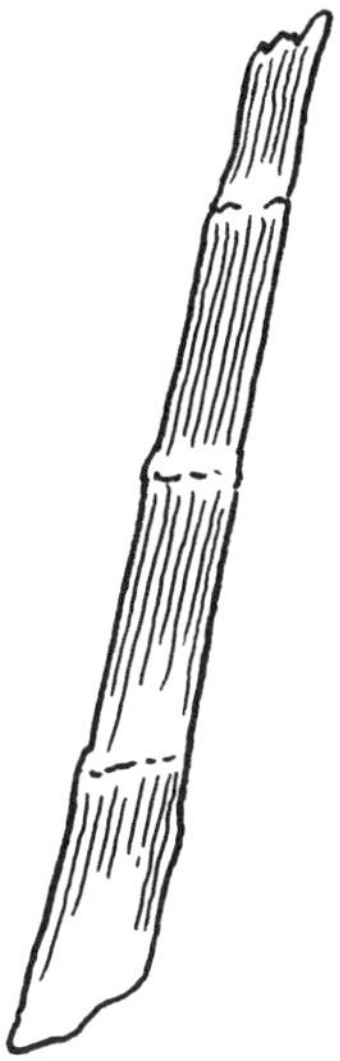

原

82　燕巣菜《えんすさい》

《唐人これを調理して貴客には必ずもてなす。南海島の崖にあって燕が白藻を含んでつくる巣。色は薄黒く、或いは黄を帯びている。飴のようなねばりがある。水に浸し和らげたのち料理する》

燕巣については、**58**唐人屋敷の項を参照のこと。

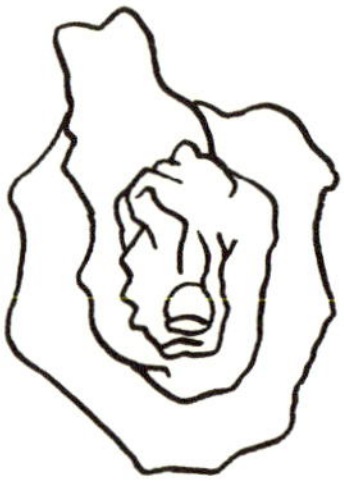

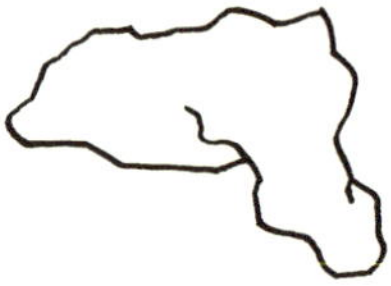

㊟原

83　黒曜石《こくようせき》（「漢名は烏石」とある）

粉末にしたものを、湿布に塗布したり軟膏に混ぜ合わせたりして使用する。色は漆黒。

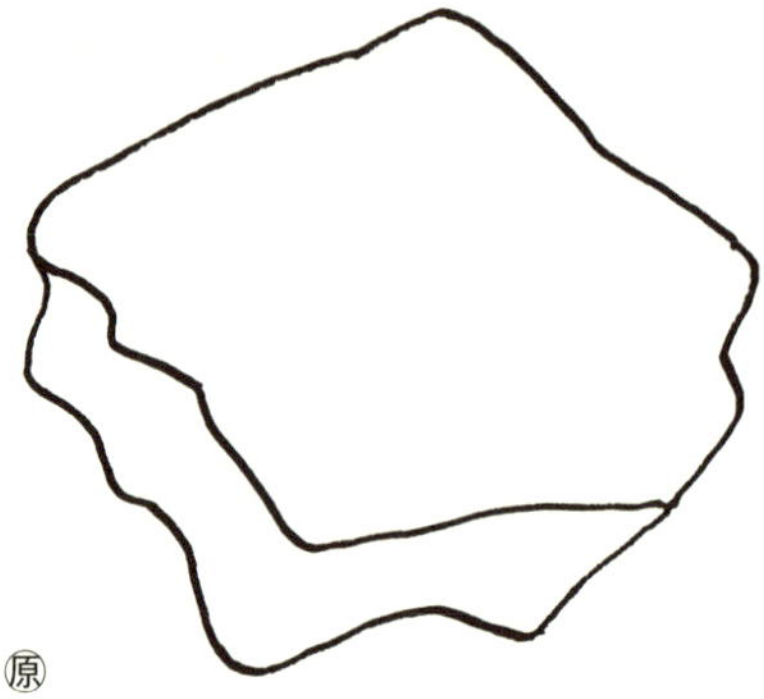

㊟原

84

桑石（コゲ茶色）

不明。

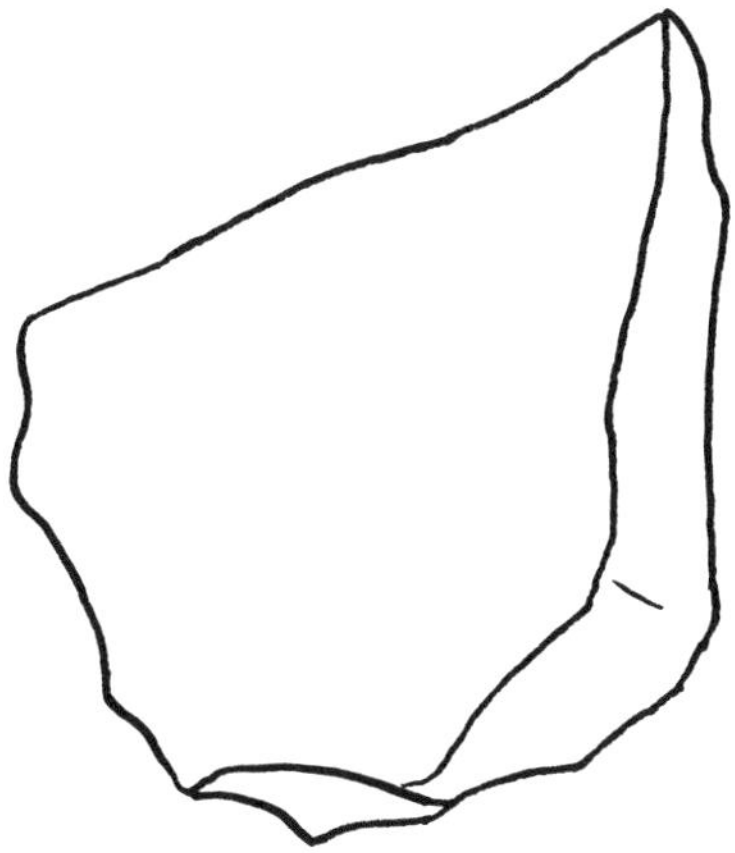

㊐

85

海帆《かいはん》

『本草綱目啓蒙』によれば海草の一種。海底の石に生え、枝分かれして帆のように見える。漢名は鉄樹。

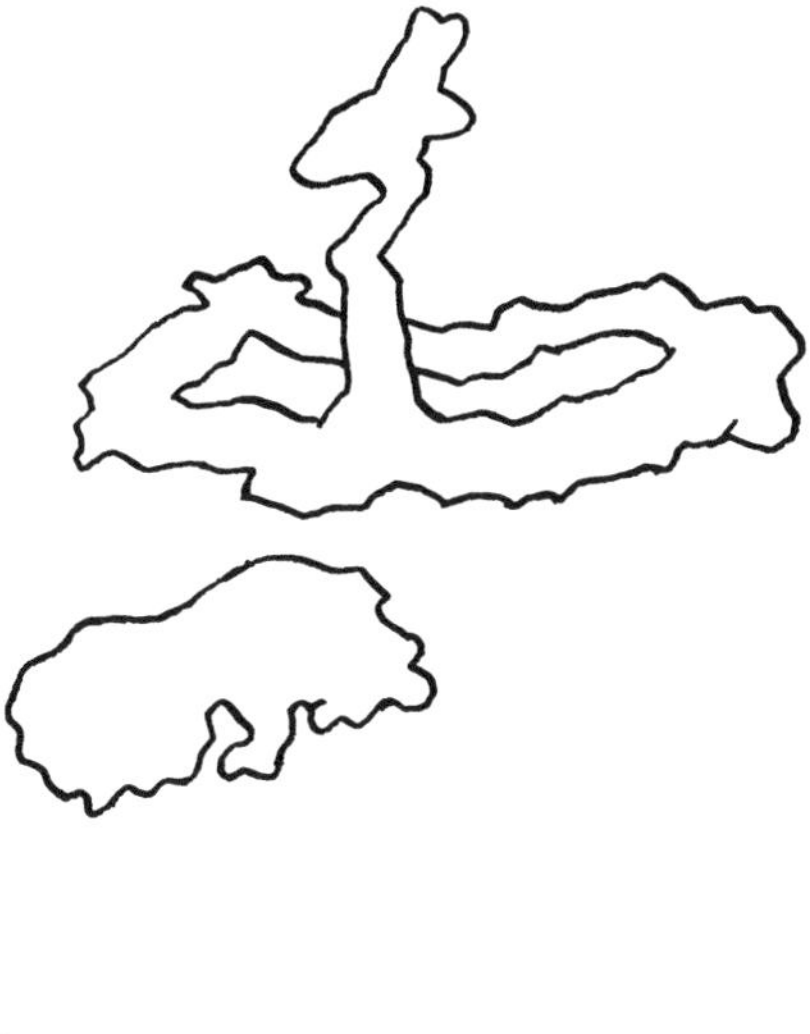

㊐

86 宝石《ほうせき》

これだけでは何のことか不明。ルリ色。

(原)

「ルリ色」とあるので、瑠璃かもしれないが、この絵からはサッパリ分からない。

87 海牛《かいぎゅう》

和名「ウミスズメ」を手掛かりに調べると、体長六センチから十センチ。体は箱のような四角形。角があるのは雌とある。フグ目ハコフグ科。

(原)

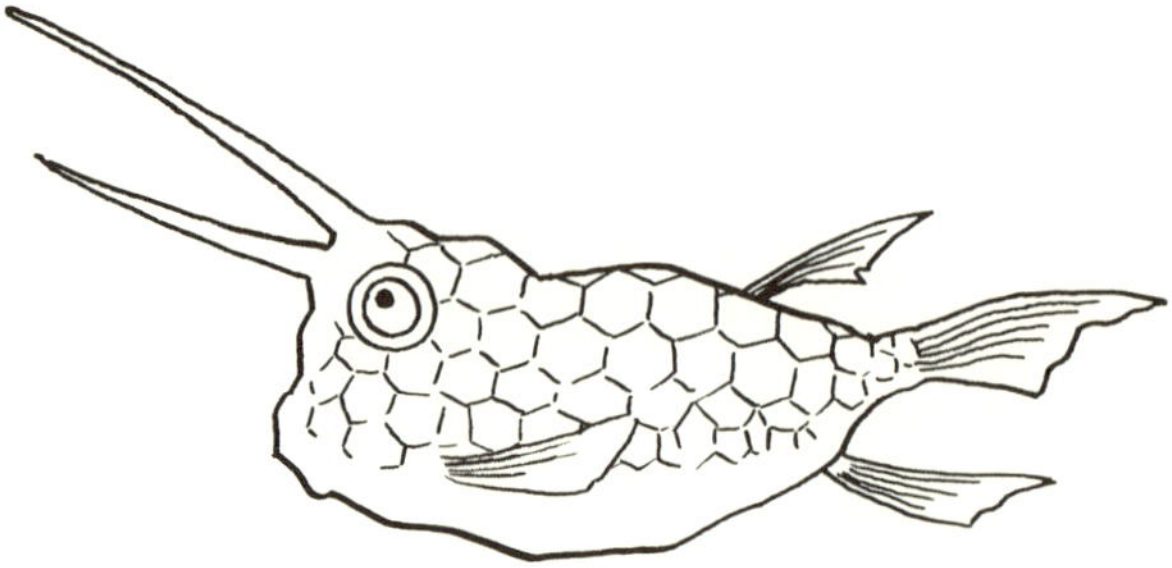

薄黒い黄色

88

石龍子《せきりゅうし》

トカゲである。当然ながら尻尾は切れている。『和漢三才図絵』によれば、トカゲを酢を用いて四十九回あぶったものを天霊蓋丸という。肺結核を治し、小便の通りを良くするとある。

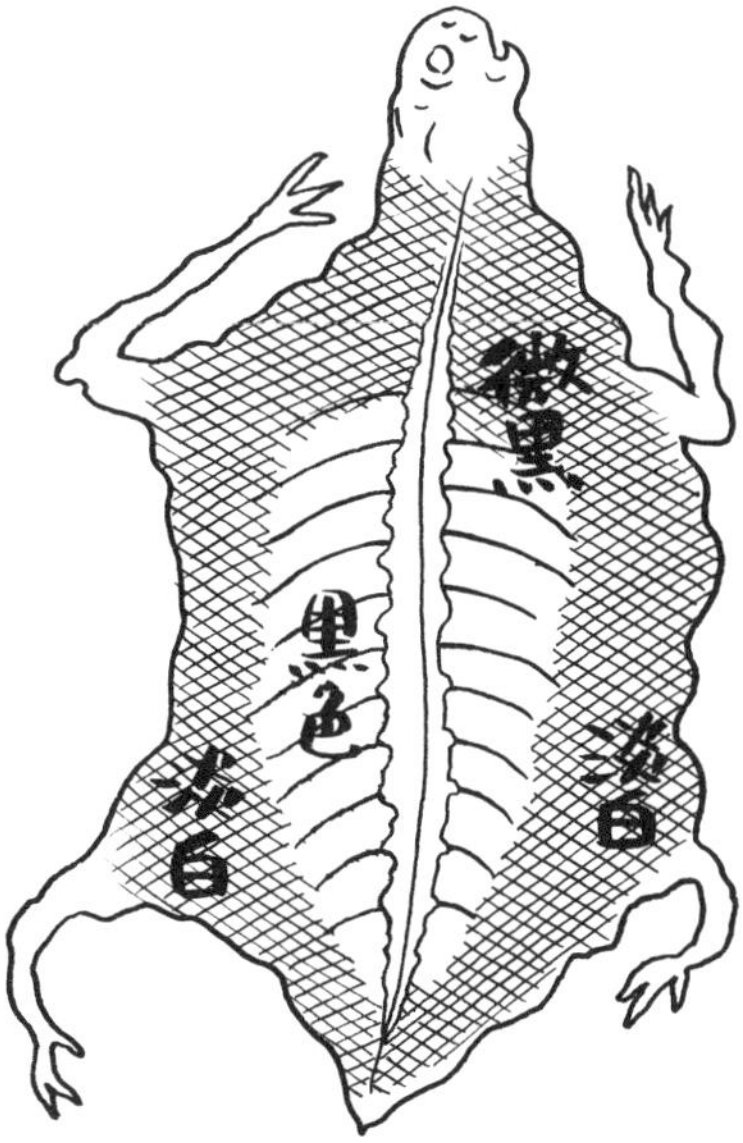

原

89

蛤蚧《ごうかい》

『本草綱目啓蒙』には、「日本にはいない。トカゲに似るが、口が蛙のように大きい。背中はざらつくが、トカゲのような鱗ではない。体長二十センチほど。舶来品」とある。

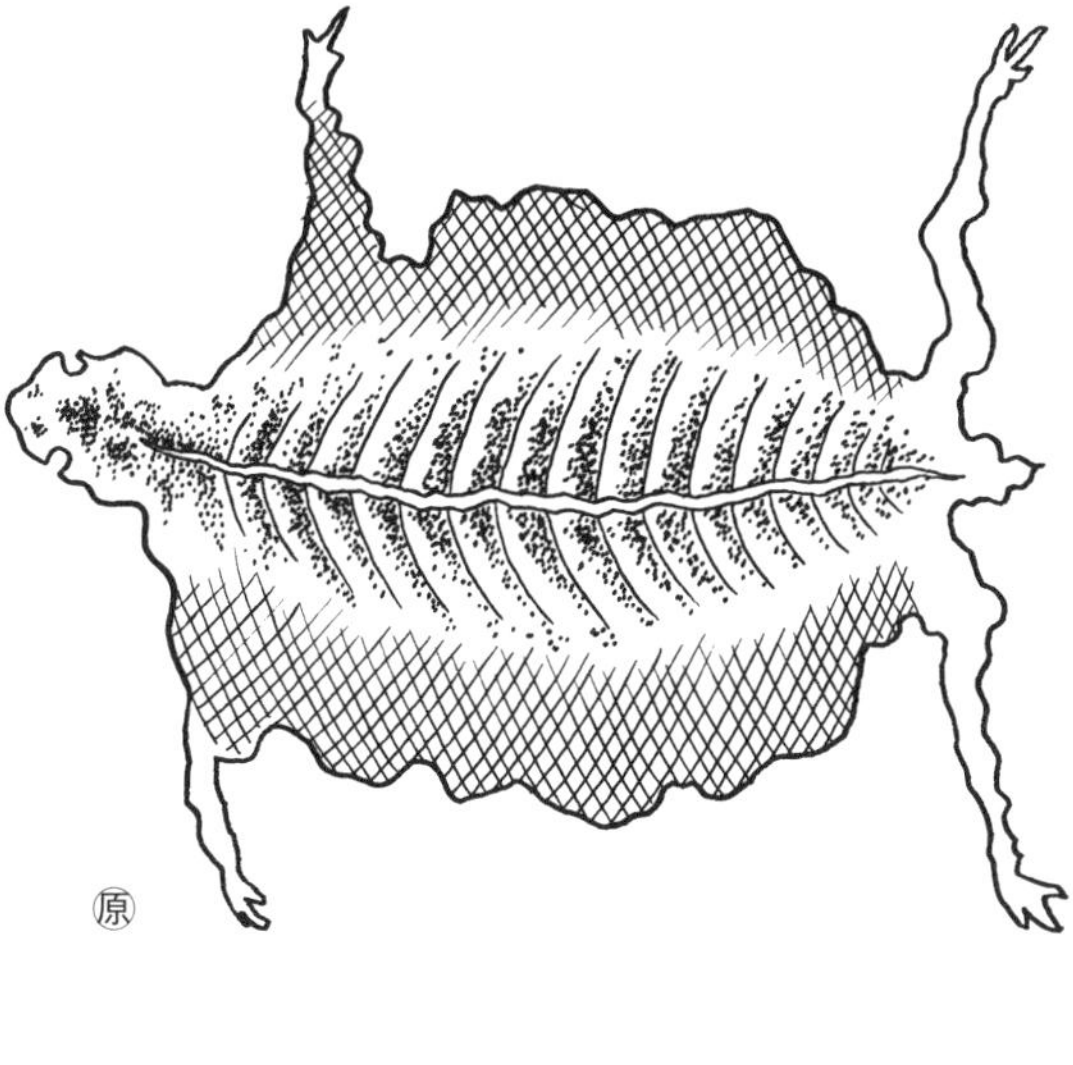

原

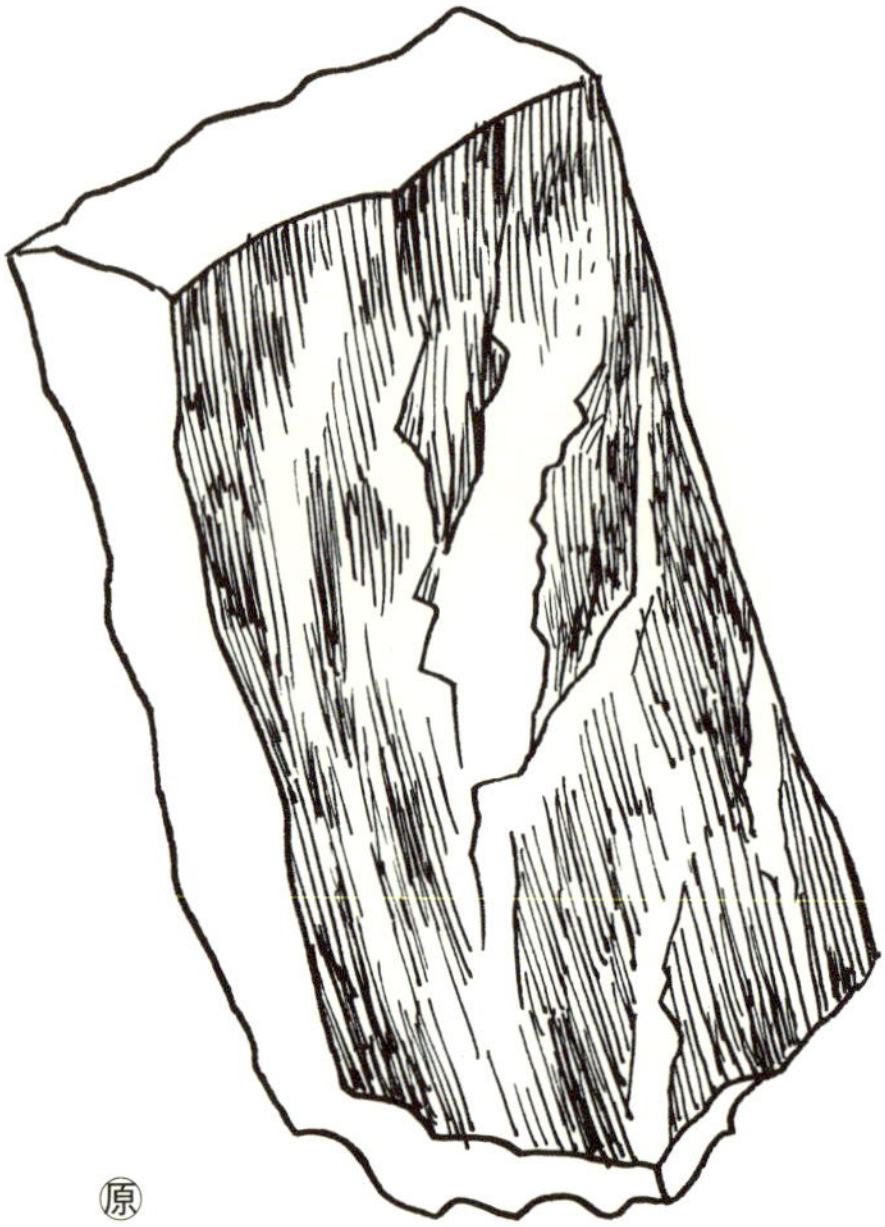

原

90　丁香皮《ちょうこうひ》

《肉桂《にっけい》*1に似て黒みを帯びている。厚さは三センチから五センチほど。これを割ると脂っ気が多く香りがする。遠く離れた辺境の地で採れるものと聞いている。最近の船は口船《くちふね》と言って比較的近く（中国南岸）から持って来るので、*2深山から出る丁香皮のようなものは積んで来ない。

その効き目は丁香《ちょうこう》*3に似ていて、特に身体をあたため、気を開くのに勝れている》

*1　肉桂については**64**交趾肉桂を参照。

*2　「口船」は南京・蘇州・揚州など長崎から比較的近いところから来る商船。「中奥船《なかおくぶね》」は広東から来る商船。そして東南アジアの遠方からやってくる商船を「奥船《おくぶね》」と呼んだ。

*3　丁香はモルッカ諸島原産で、フトモモ科の常緑高木である。その蕾を乾燥したものは古くから生薬や香辛料として使われて来た。

91　蘆筍乾《ろしゅんかん》

《蘆《あし》の芽を採って塩漬けにし、乾燥させたものでなかなかの味》

蘆筍については**58**の「唐人屋敷」の項にも登場する。

原

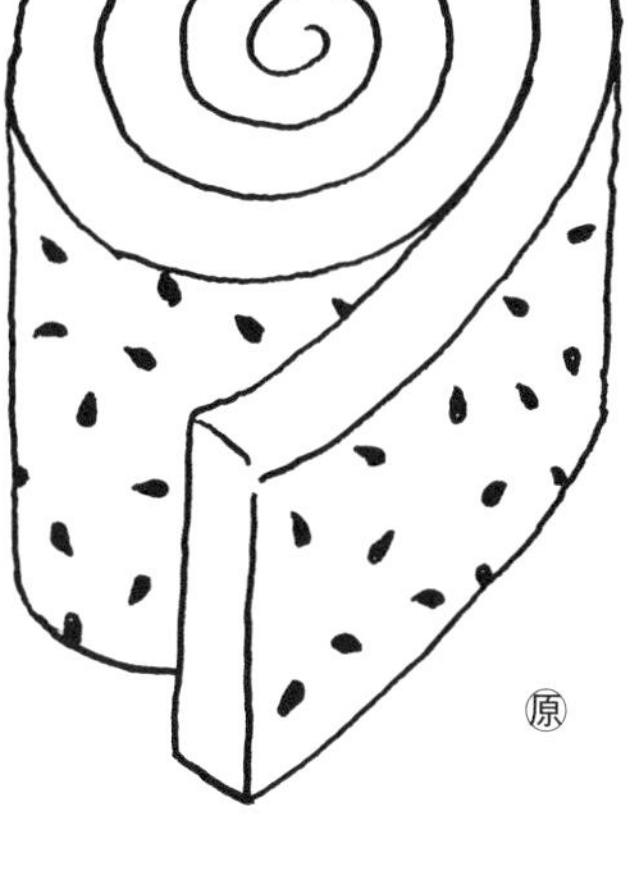

原

92　求肥《ぎゅうひ》

《求肥は漿麩《しょうふ》（白玉粉を水に溶いて熱を加えたもの）、砂糖、飴に胡麻油少々を加えてつくったもので、幅五センチ、長さ六十センチほどに作り胡麻を加えたもの。決して手にべたつかないところが特色で、食べるときは意のままに伸ばして切ることができる》

求肥は柔軟な弾力を持った菓子で、今日でも各地の土産品などに広く利用されている。『和漢三才図絵』には、この菓子が唐から渡って来たときは「牛脾」だったが、日本人は肉食を忌むので、「求肥」に変わったという説明がある。

93 名月餅《めいげつもち》

《皮は小麦粉でつくり、中には様々な具を入れ、それを豚の油で揚げたもの。精進料理に用いるときには胡麻油で揚げる》

現在の中華菓子に、「月餅《げっぺい》」と呼ばれるものがあるが、その祖に当たるのではないだろうか。それにしてもこの挿図は、ただ円を描いただけ。余りの無神経さに呆れるばかり。

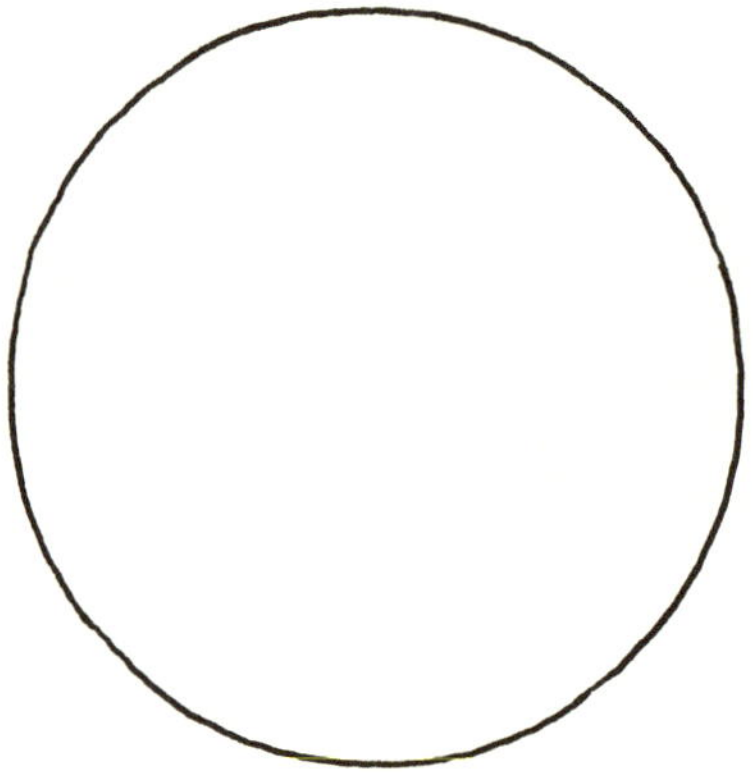

原

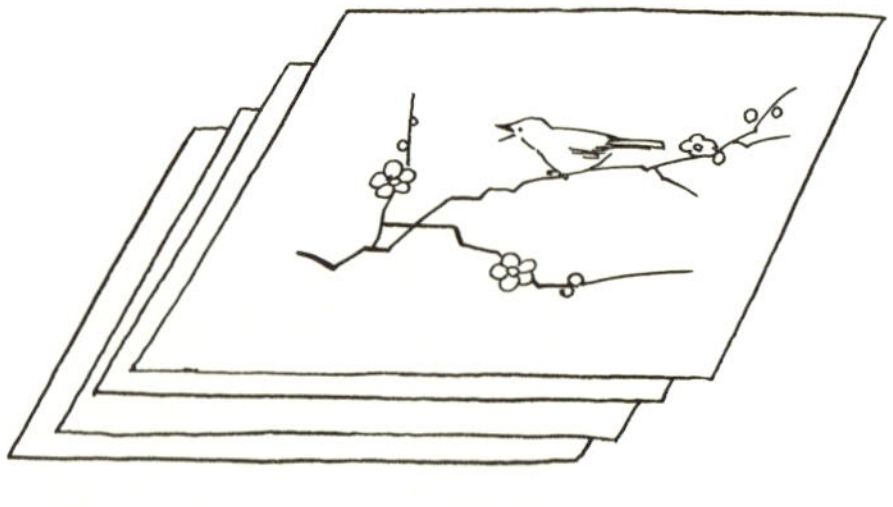

原

94 画《え》入り雲片膏《うんぺんこう》

《もとより米粉で製したものである。これを切れば内から色んな絵が現れる》

「雲片膏」は『和漢三才図絵』の「白雪膏」に当たると思われる。「その製法はうるち米・もち米・ヤマノイモ・蓮根などに砂糖を加え、よく蒸したのち好きな厚さに切って食べる」。

ところで、日本人にとって餅といえば誰もが糯米《もちごめ》や米粉でつくるものと考えるが、中国では小麦粉。饅頭《まんじゅう》も中国から渡ってきたので皮は小麦粉である。

95
唐人の火箸

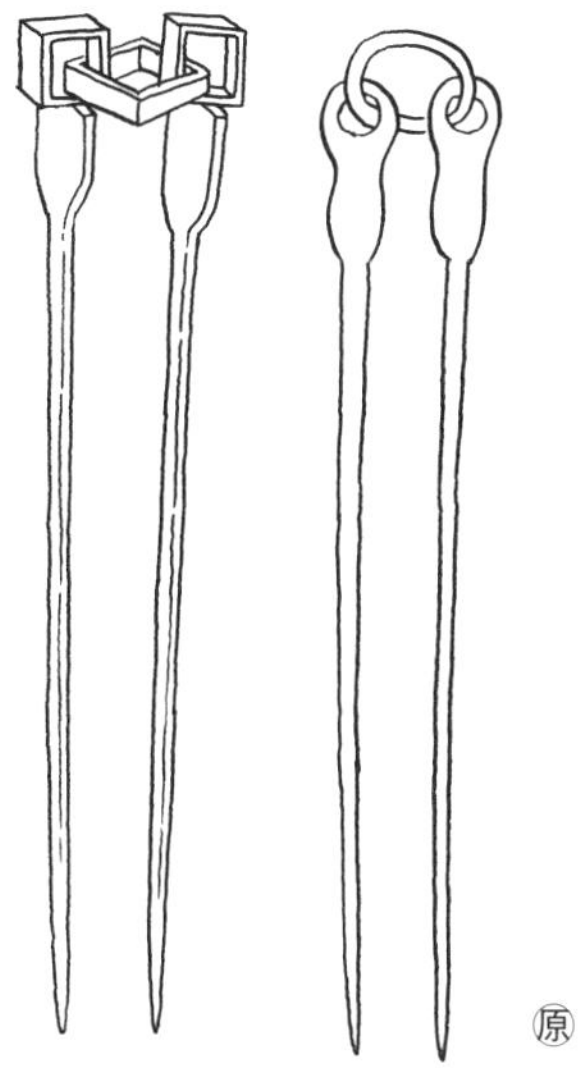

96
唐人の夜学燈

《陶器でつくられており、蓋の穴から煙りが出て行く。
前面に明かり採りがある》

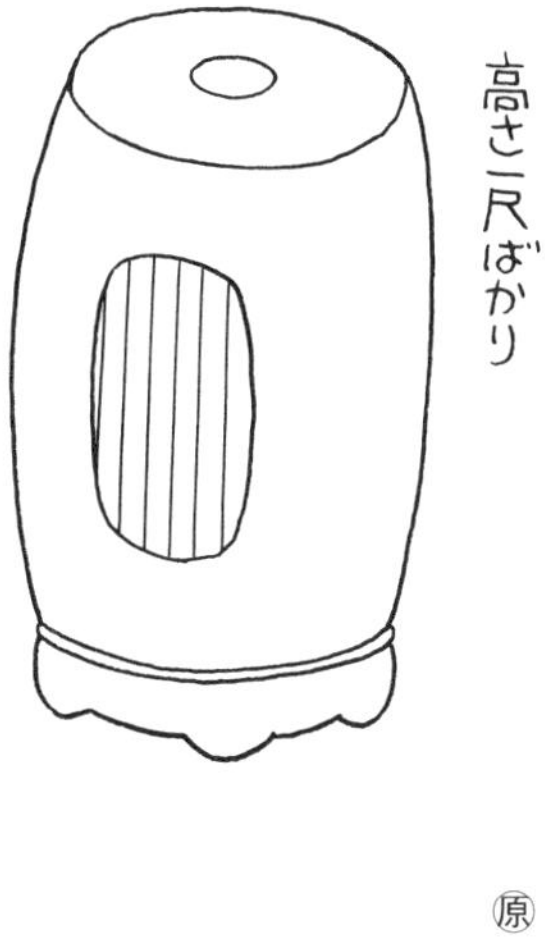

おおいを外したところ

97

画硯《えすずり》

《この硯は陶器の四枚重ねになっている（左図）。真ん中の部分が高くなっていて、周りに水が溜まる（図1）。皿を裏返すと、逆に真ん中に水が溜まる（図2）。こうして画家が絵の具を混ぜるときに、表裏ともに利用できる。絵の具を溶いたとき、その上にさらに大きな皿を重ね置けば、そのまま蓋にもなる（図3）。したがって一番小さな皿に合う蓋をひとつ作ればこと足りるわけである》

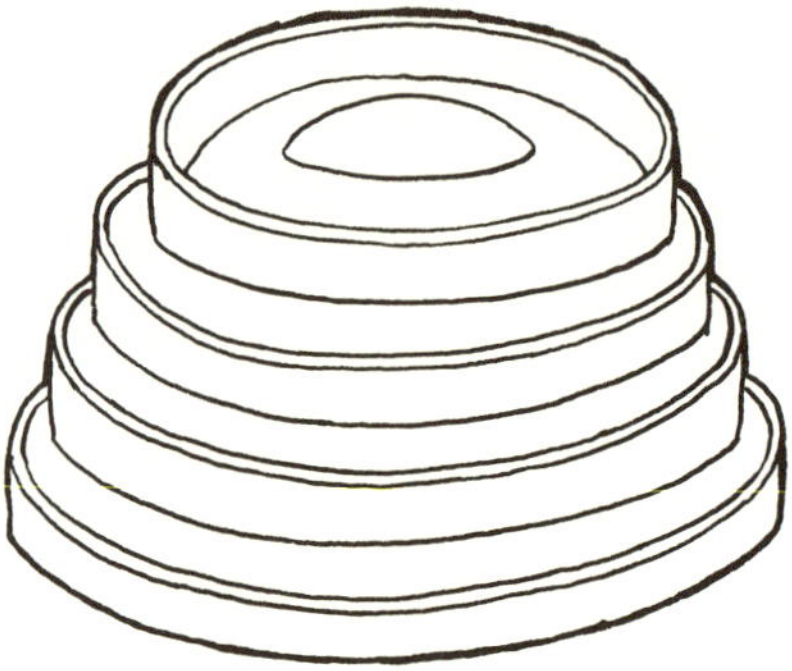

㊩

〔図1〕

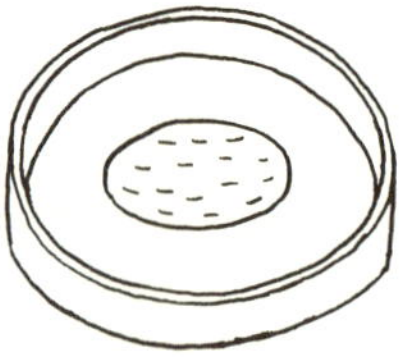

〔図2〕

〔図3〕

98 墨盆《ぼくぼん》

《これは大きな字を書くとき、多量の墨が必要な場合に用いると良い。見たとおり陶器で、かなり重い。この中に水を入れて、下の炭火でゆっくりと暖めた湯で墨を磨れば、苦労せずしてたくさんの墨が出来上がる。

　また、もう一つの墨盆というのは日本の擂り鉢から筋目が無いものと思えば良い。これに水をいれて、円筒形の墨を竹の小口より差し込んで、これを擂《すり》粉《こ》木《ぎ》のように使えば瞬時にいくらでも墨が出来上がる（下図）》

㊗原

原

99 唐人の剃刀《かみそり》

《唐人の剃刀は図に示す通り。ただし、彼等は皆髭を逆剃りにする。また別に鼻毛剃りもある。これを鼻の中に入れて廻し剃りにする》

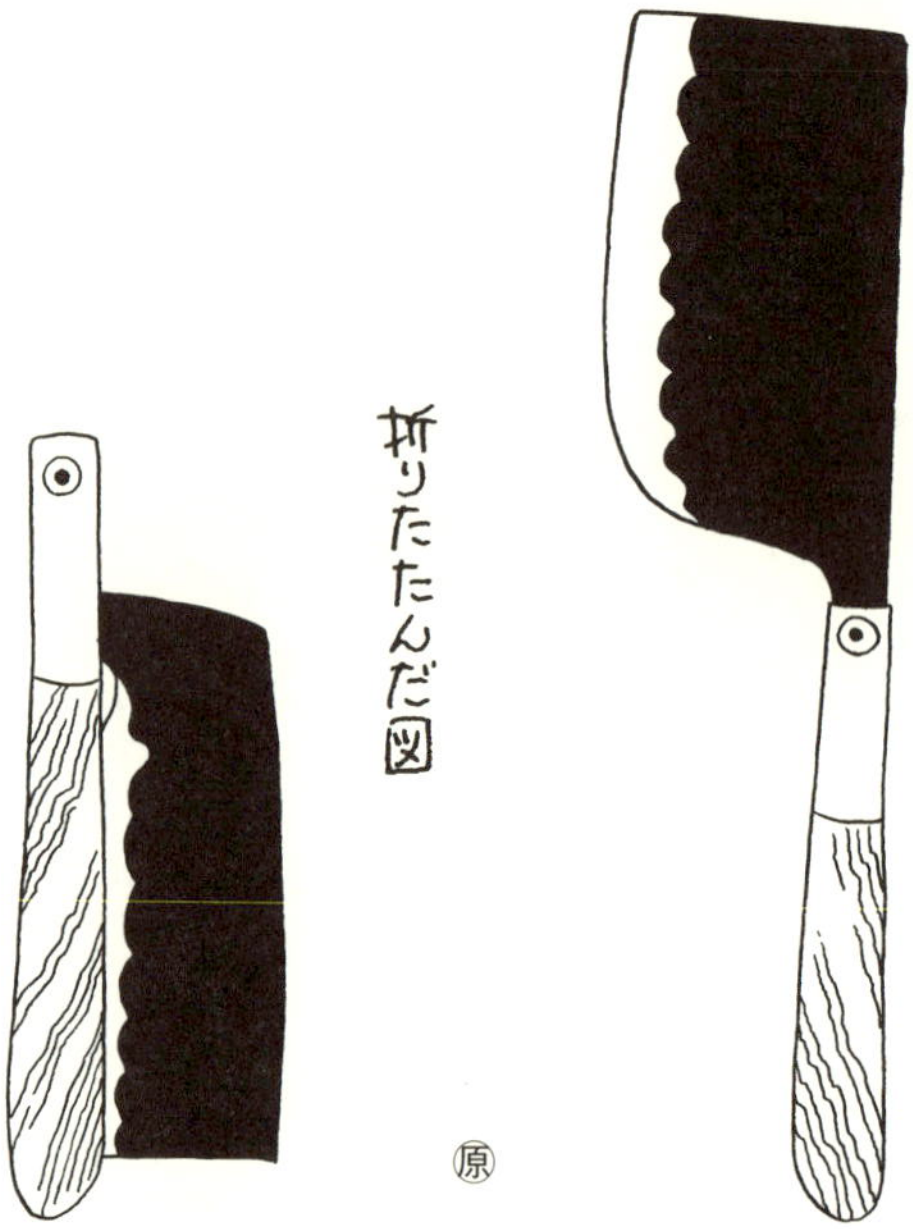

㊋

100 鼻毛剃《はなげそ》り

余計なお世話かも知れないが、鼻毛を回し剃りして怪我をしなかったのかと心配になる。

㊋

101　薬刀の図

軸らしきものが二本見えるが、庖丁の支点に当たるのは先の方だろう。もう一本は刃を留めておく装置だろうか。良く分からない。

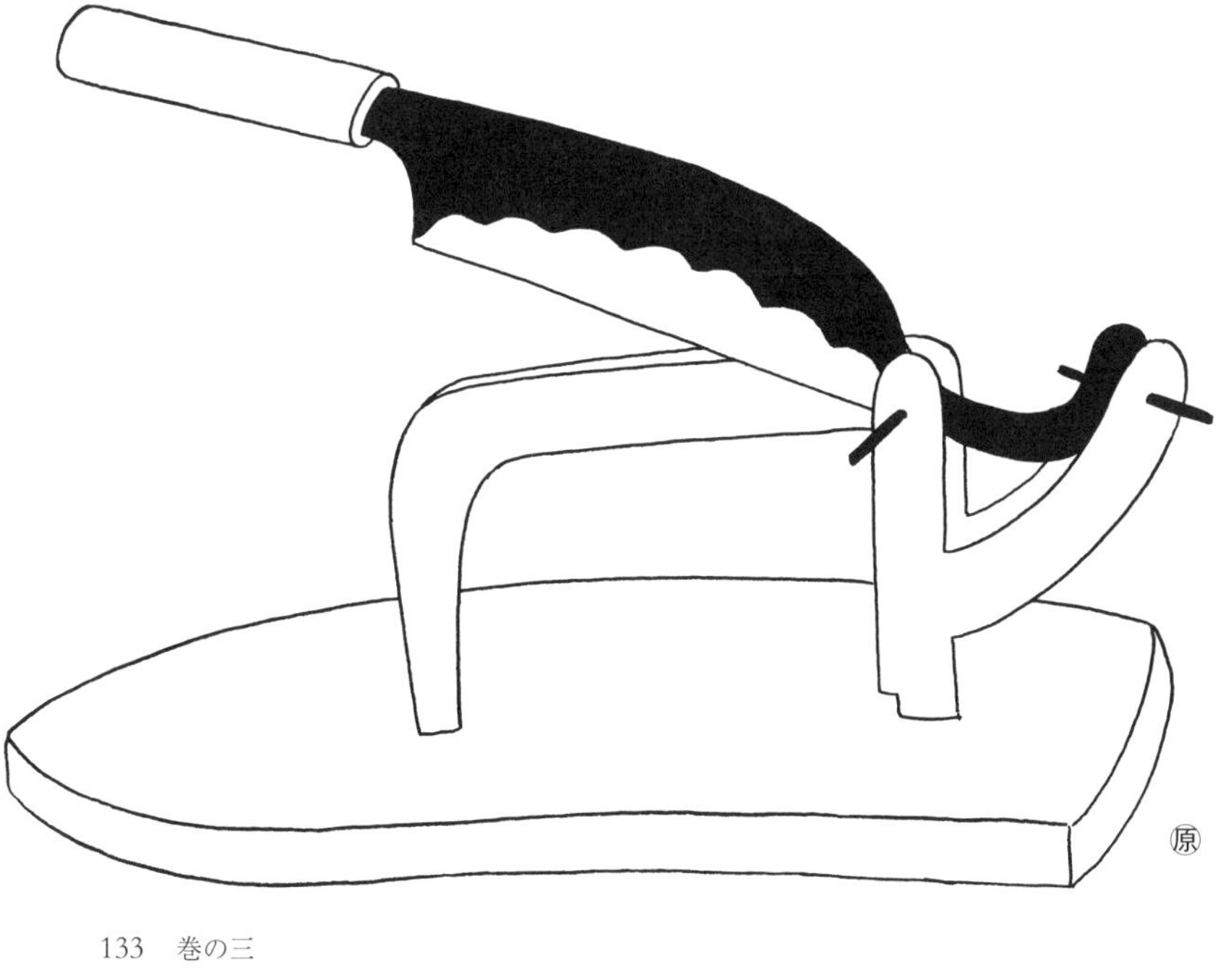

(原)

『長崎古今集覧名勝図絵』より「館内唐人揮毫の図」

もとより唐人によってもたらされた書画は、日本に大きな影響を及ぼした。長崎に来て唐通事となった人の中には、林道栄《りんどうえい》や深見玄岱《ふかみげんたい》のように書において「二妙」と絶賛された人々もいた。

長崎で黄檗《おうばく》僧となった逸然《いつねん》は長崎漢画の祖とされ、南京船主だった伊《い》孚九《ふきゅう》は墨絵が高く評価され、のち池大雅や与謝蕪村の文人画に影響を与えた。

巻の二に登場した程赤城の書も人気があった。このように長崎には全国から文人墨客が集まり、唐人から中国語を習ったり、詩を交わしたり、書画を学んだりして文化交流が盛んに行われた。

巻の四

最初に少しだけ朝鮮人に触れるが、あとはすべてオランダ人に関する話題に尽きる。オランダ屋敷、オランダ人、オランダ船についてもそれぞれ快調に筆が走る。

思念深遠・言語閑静・起居厳重の三つのキーワードで、出島のオランダ人を活写するところなどは見事という他はない。出島の中の縦型社会の厳しさ、合理的なお酒の飲み方、商売にあたっても、彼らが決して油断のできない相手であること、中国人の嫌がらせに対しても、思慮深く対応する彼等の姿勢。

しかし、かといって広川は彼等を盲目的に持ち上げているのではない。彼に言わせればオランダ人は風流を知らないと言う。それはまるで実利や物の便利さを追求するばかりが人間ではではないのだよ、とでも言いたげである。

また、オランダ人の下ではたらく黒坊が、不治の病におかされると、毒薬を飲ませて殺してしまうことに対して、「痛ましく忍びがたいことである」と言う。

実際にそんなことがあったのか、他の文献にあたってみたところ、『中陵漫録』*の中に、さらにひどいことが書かれてあった。すなわち、黒坊が毒薬を飲まない場合、ビロウの樹皮で編んだ綱に松ヤニを塗った一メートルほどの「チャン綱」で撲ち殺してしまうというのである。

我々がよく目にする蘭館内の絵図には、遊女たちの前でビリヤードに興じたり、酒や料理を楽しむオランダ人が描かれてあるが、それはあくまで明るい部分だけであって、影の部分でこのようなことが行われたのも事実なのであろう。

さて、出島を一巡するうちに広川は「花園」で、極めて大きな舶来の葵の花を見たと書いている。この花はヒマワリであった可能性が考えられる『ながさきことはじめ』(長崎文献社　平成二年)によれば、ヒマワリは寛文年間(一六六一〜七二)も、オランダ船で長崎に伝わっていた。

それは漢字では、「向日葵」や「天竺葵」と書かれていたので、広川がそれを「葵の花」と認めたこともあり得るのである。

＊ 佐藤成祐『中陵漫録』一八二六年

102

朝鮮人

《朝鮮人が時々、日本へ漂流して来る。彼等は国内の何処に着岸しても、必ず長崎に送られ、その後、対馬に送られるのである。

　長門《ながと》（山口県）のはるか沖にひとつの島がある。長門の漁夫《りょうし》たちがこの島まで釣りに出かけるが、朝鮮の漁夫もまた、この島の近くまで釣りに来ることがあると言う。だからその島は長門からいたって近いと思われる。

　朝鮮からの漂流民の中でも多くが、長門に着岸する。たいていが漁夫であるが、この国にも文化があって漁夫のような者でも、扇面に揮毫《きごう》できる程度の者は大勢いる。また漁網と共にあちらの管弦の類《たぐい》を携えた者もある。

　彼等の船は粗略なつくりで、大きさは十〜十五メートルくらい。見ればいずれも木の楔《くさび》で留めてあり、鉄釘は一向に見あたらない。その理由として、朝鮮の海域には磁石島があって鉄釘を用いると船が吸い寄せられるので、[*1]それを嫌がるのだと言う者がいるが、そんなことはない。実際、日本で彼等の船を修理することがあり、その際、鉄釘を使用すればおおいに喜ばれる。朝鮮では鉄は貴重で、まして彼等は辺境の漁夫であり、船が丈夫になるのを喜ぶのであろう。その人物と船のかたちとを図に示す》

＊1　巨大な磁石に船が引き寄せられ、釘が飛び、船が木っ端みじんになる話は、十四世紀の東洋案内書『東方旅行記』[*2]の中にすでに見られる。また同様の話が『千夜一夜物語』の中にもあり、日本にもその伝説が届いていたことになる。

＊2　マンデヴィル『東方旅行記』東洋文庫　昭和三十九年

その漂流民も多くは長門に着岸します
長門《ながと》
ほとんどが漁人のような者ばかり…
しかし朝鮮も文華《ぶんか》のある国で、漁人の中にも揮毫《きごう》できる者がたくさんいます
サラ
サラ
サラ
また魚網のかたわらに管絃《かんげん》などをたずさえた者もいます

103

朝鮮人の図（上）・朝鮮船の図（下）

原

原

長州には朝鮮語通詞を代々家業とする家があり、漂流者の処理のため、長崎奉行の下に「長崎聞役《さきやく》」を派遣していた（『幕末明治製鉄論』大橋周治著一九九一年）。

■スペシャルガイド■

ここで当時の日本と朝鮮との関係をふり返ってみます。

朝鮮と日本とは対馬を介して「国交」を結んでいました。

江戸時代を通じて朝鮮通信使節は十回以上日本に来ています。

だからこそその難破船についても修理を施《ほどこ》し、ていねいに扱って帰したのです。

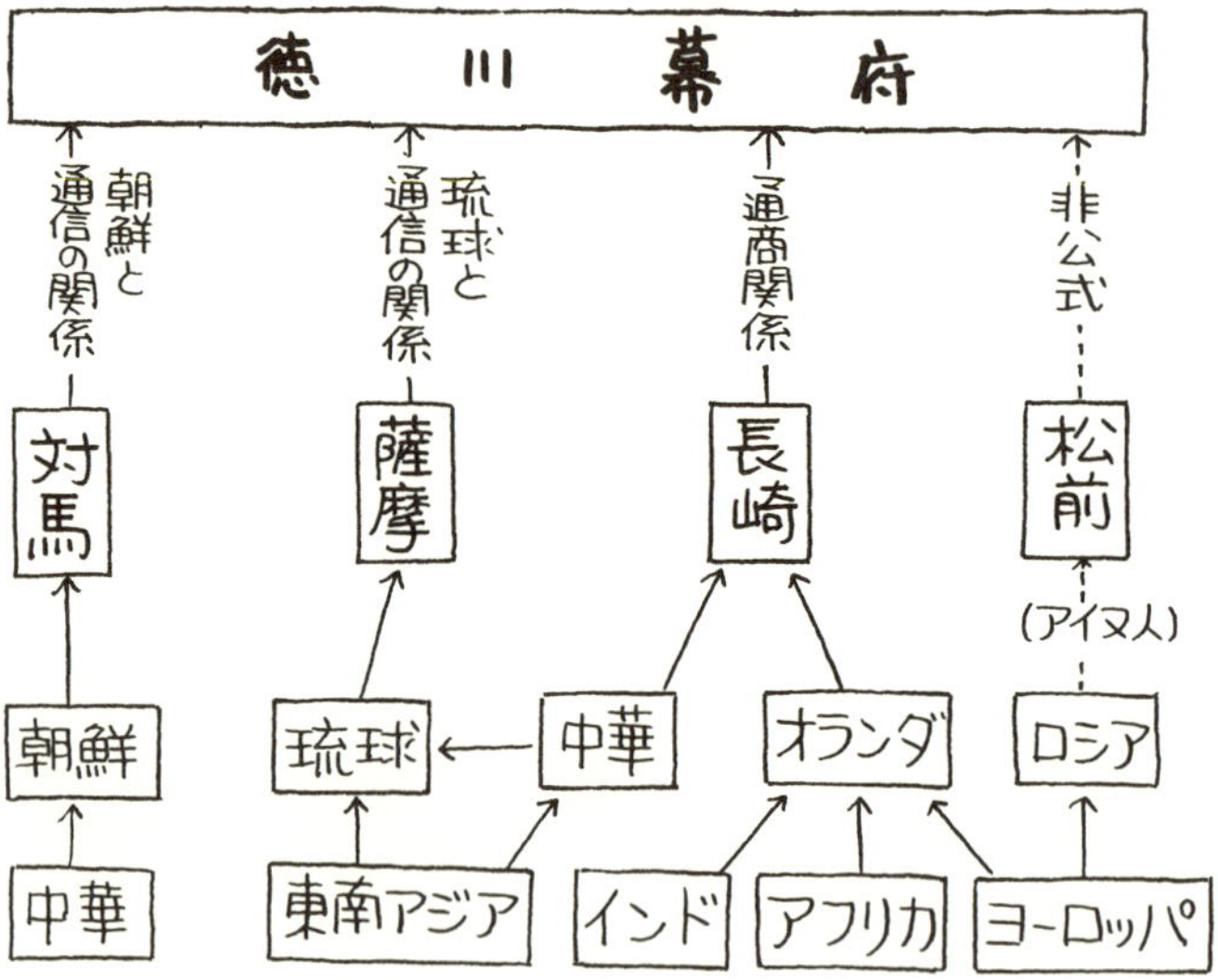

徳川幕府
朝鮮と通信の関係
琉球と通信の関係
通商関係
非公式
対馬
薩摩
長崎
松前
(アイヌ人)
朝鮮
琉球
中華
オランダ
ロシア
中華
東南アジア
インド
アフリカ
ヨーロッパ

ふつう鎖国の窓といえば唯一長崎を指しますが、実際には対馬を含めて四つの窓が機能していました。

さらにそれらの窓を通して世界の国々と何らかのつながりがあったといえます。

鎖国日本は決して孤立していたわけではないのです。

104 提灯《ちょうちん》

提灯*は籠に紙を張ったもので大小があり、その種類にいたっては限りがない。

* 底本には「挑灯」とある。わざわざ籠を外したところまで描いているのは、広川が日本でもつくってみては、と考えていたからではないだろうか。

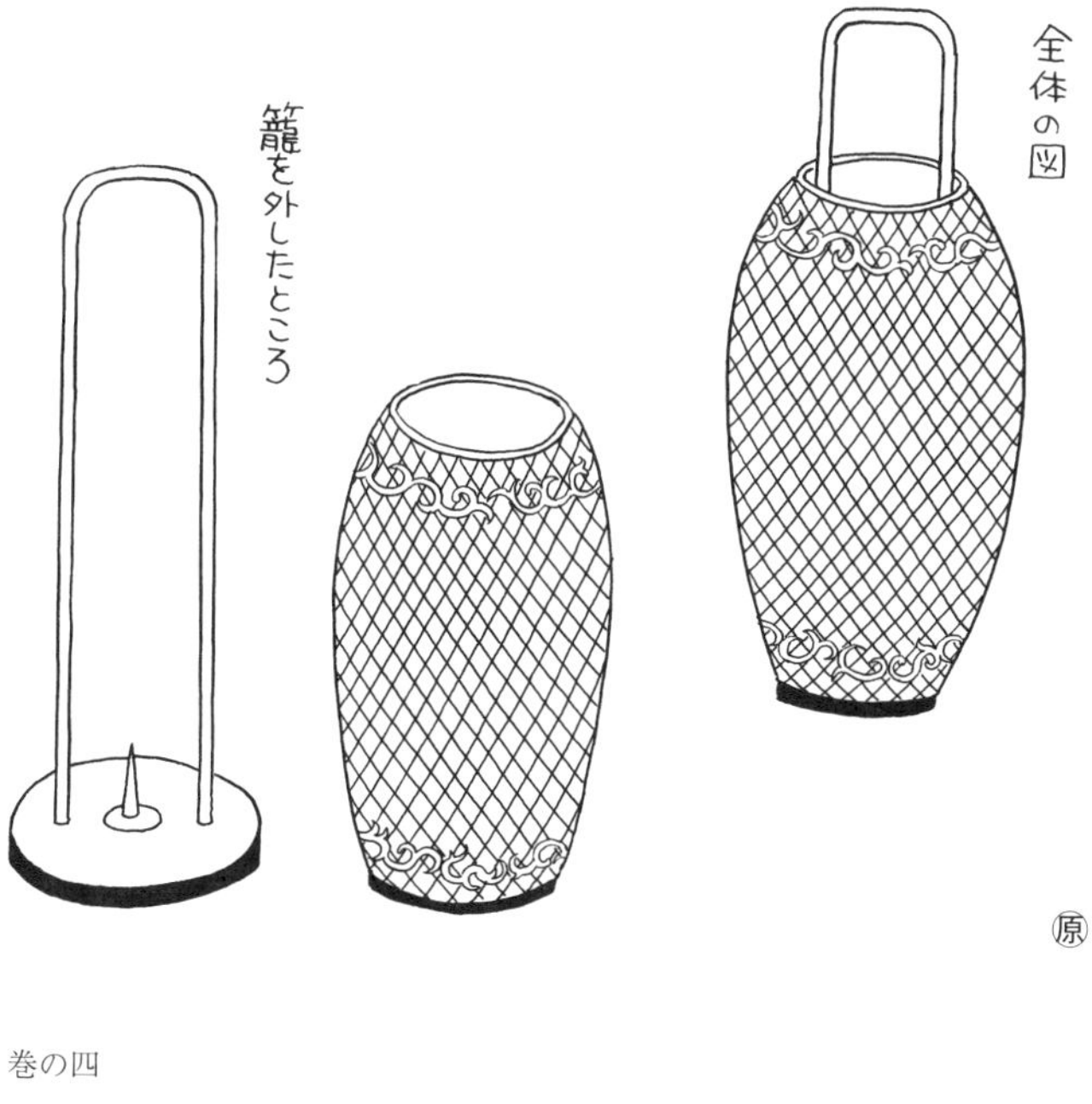

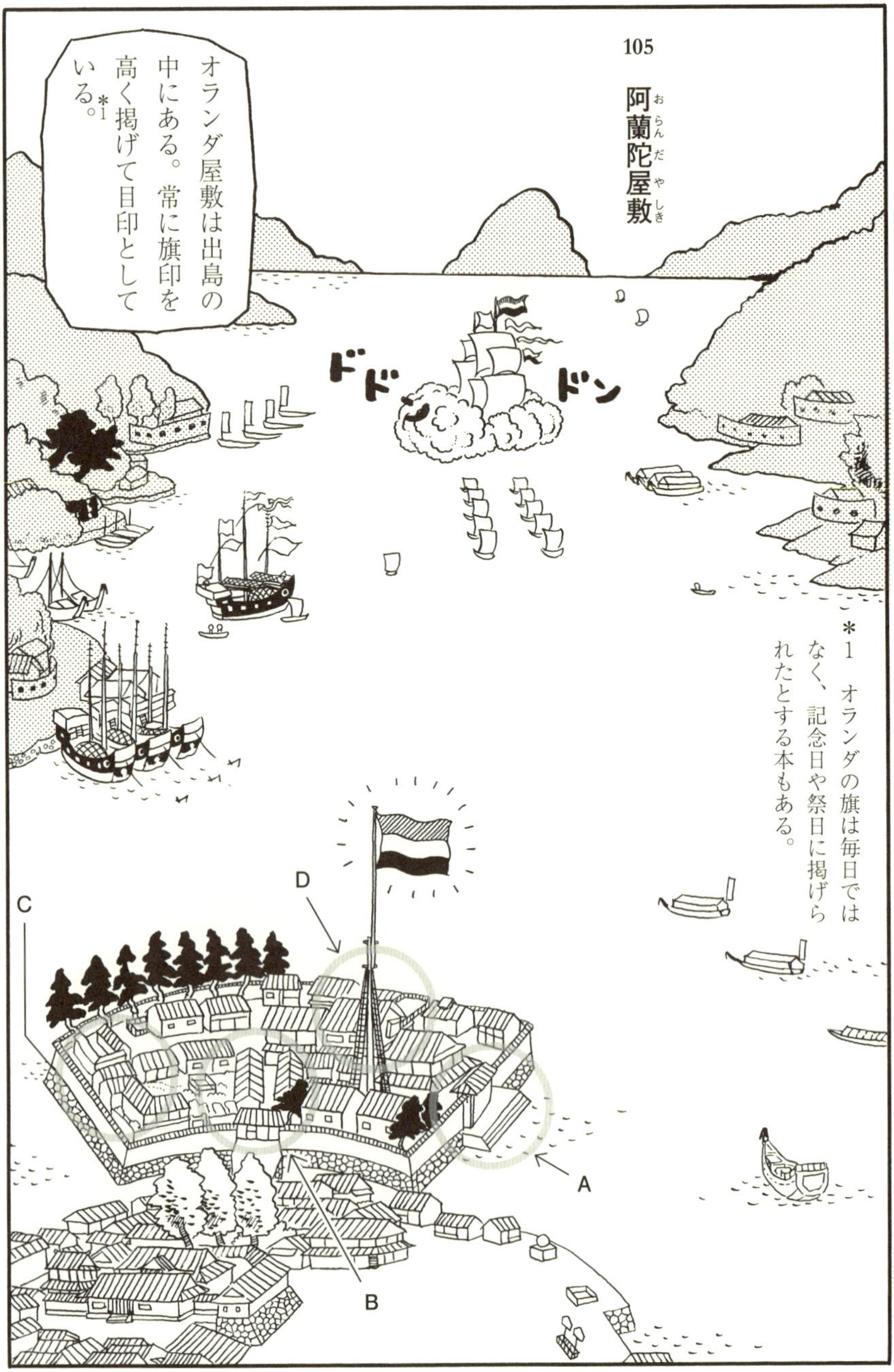
105
阿蘭陀屋敷《おらんだやしき》
オランダ屋敷は出島の中にある。常に旗印を高く掲げて目印としている。*1
ドドーン
ドン
D
C
A
B
*1 オランダの旗は毎日ではなく、記念日や祭日に掲げられたとする本もある。

142頁の出島Aの部分の拡大図

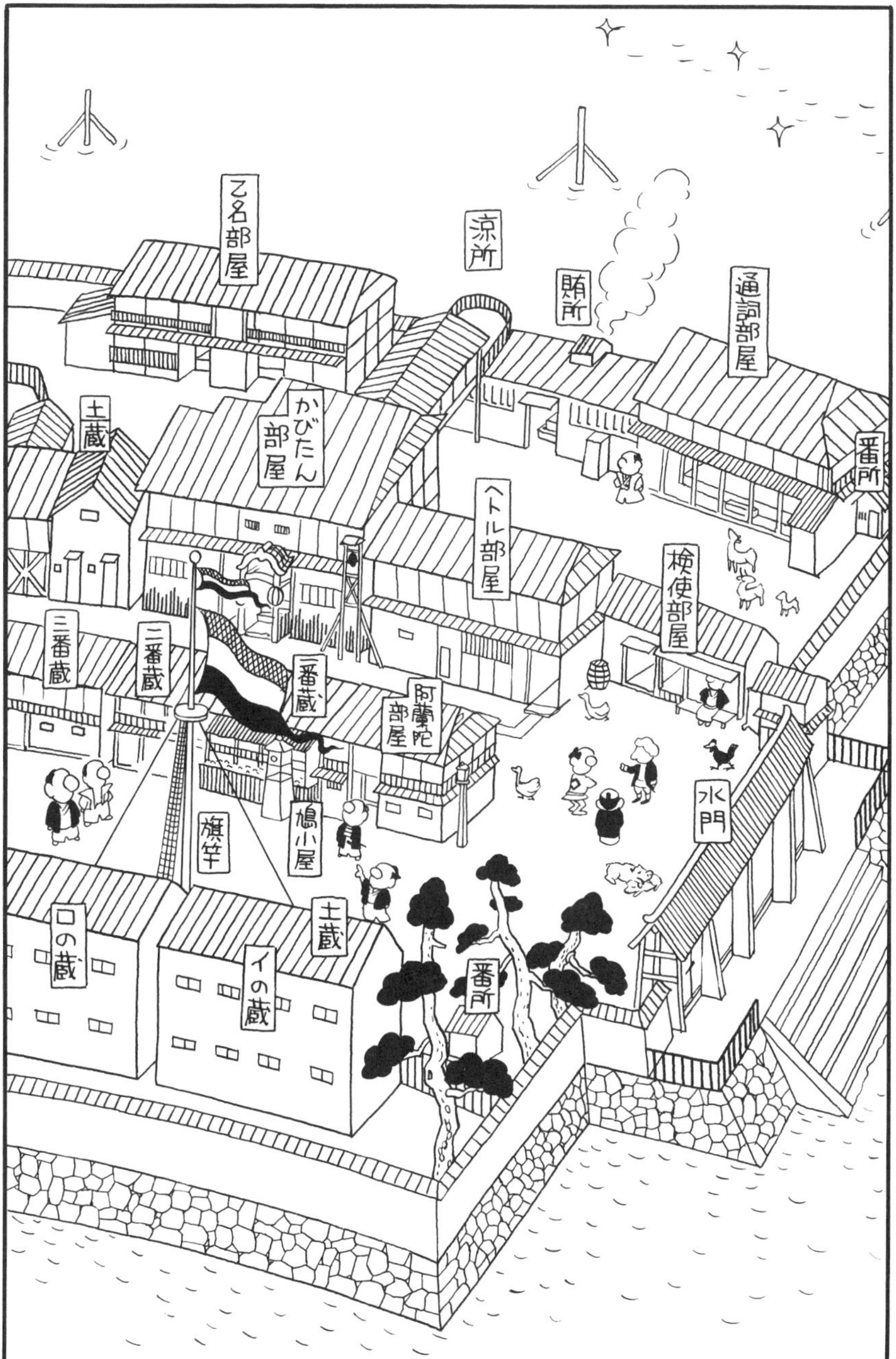

142頁の出島**B**の部分の拡大図

《門内に入れば、家猪・野牛・羊の類が放し飼いにされている》

《また、オランダの犬もいる。そのかたちはいかにも身軽そうで、耳は垂れており、多くは白に黒い斑点がある。毛は至って細く美しい》
106
蛮犬
原

142頁の出島Dの部分の拡大図

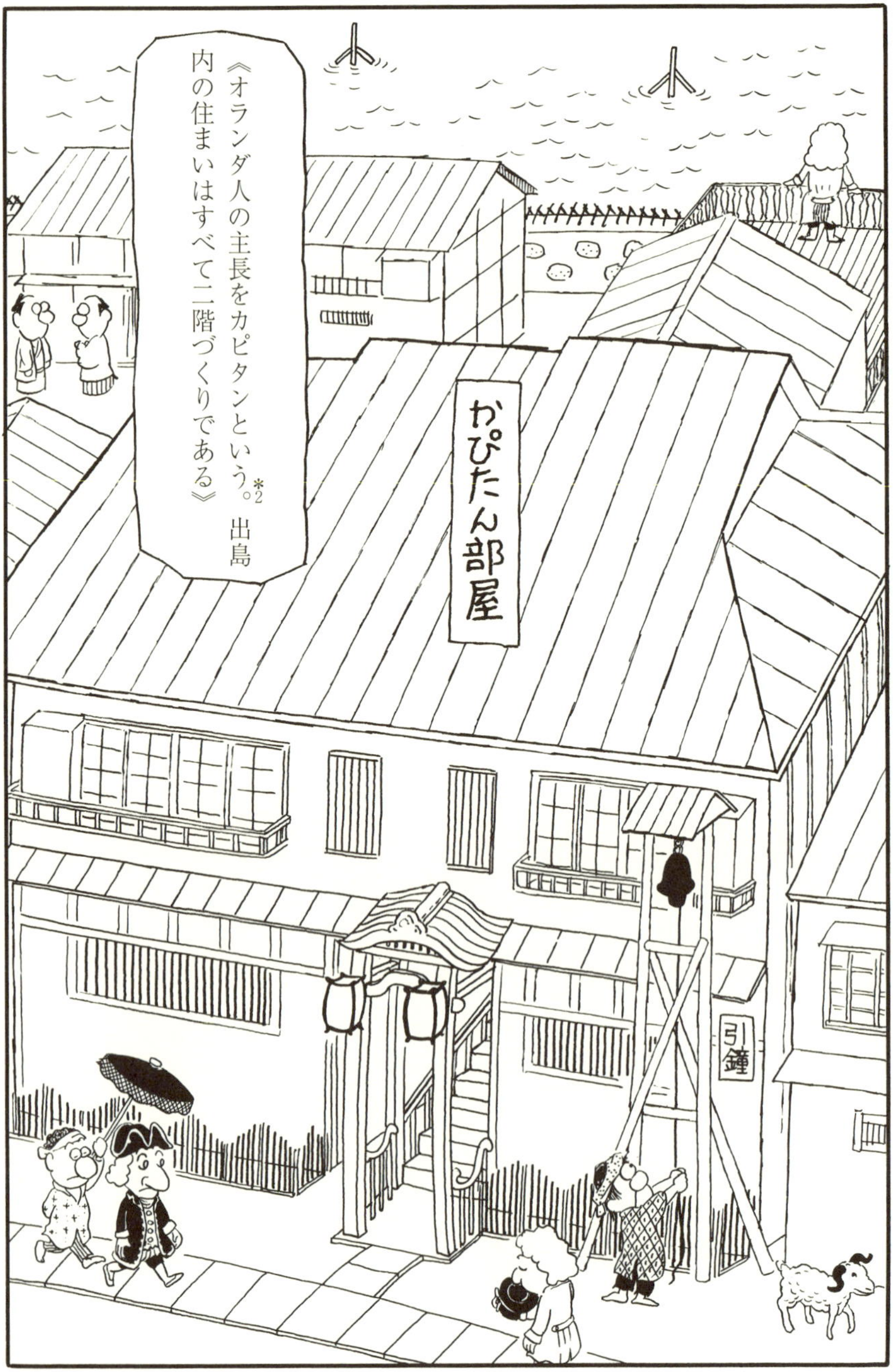
《オランダ人の主長をカピタンという。*2 出島内の住まいはすべて二階づくりである》
かぴたん部屋
引鐘

*2 カピタンとはポルトガル語。長崎がオランダとの貿易に移行した後も、オランダ商館でのトップにある人物をカピタンと呼んだ。

《カピタン部屋は先ず幅六メートルほどもある段ばしご（階段）があって、登ると五十畳敷き程度の客間がある。
　壁には縦一・五メートル、横二メートルほどの額縁が五つ掛けられている。絵は、かつてオランダ船が本国に帰る途中、遭難したときの様子が描かれている》

カピタン部屋の蘭船遭難の図

《最初の絵は、空模様が悪くなり、風が催しはじめるところ。二つ目はすでに風が強くなり天象ただならぬ様子。三つ目は波風に船が翻弄《ほんろう》されているところ。四つ目はついに船が破損して難儀しているところ。そして最後の絵は破船のままで本国の港を目指すところ。オランダでは大きな災害に逢った場合、それを後々の戒めとして肝に銘じておくために、このように絵を掲げて置くということである》

《さて次の間はまた五六十畳ほどで、左の壁際には椅子が七八個並べてある》

《その次の間には仏間のような所があってその上段には縦一・五メートル、横二メートルほどの鏡がある。中段には高さ四五十センチの四季の人形が置いてある。木彫りで良く細工されており、いずれも裸体の婦人ばかり。春は大根を持ち、夏は枇杷、秋は稲、冬は火にあたっている。[*3]

下段には高さ一メートルを越えるガラスの燭台二つが置かれている。以上の品々を図解する》

＊3　春夏秋冬の人形であるが、もし西洋でつくられたものであれば、大根と枇杷というのは見誤りであろう。この二つの植物はヨーロッパでは見られないからである。

107

婦人裸体人形とガラスの燭台

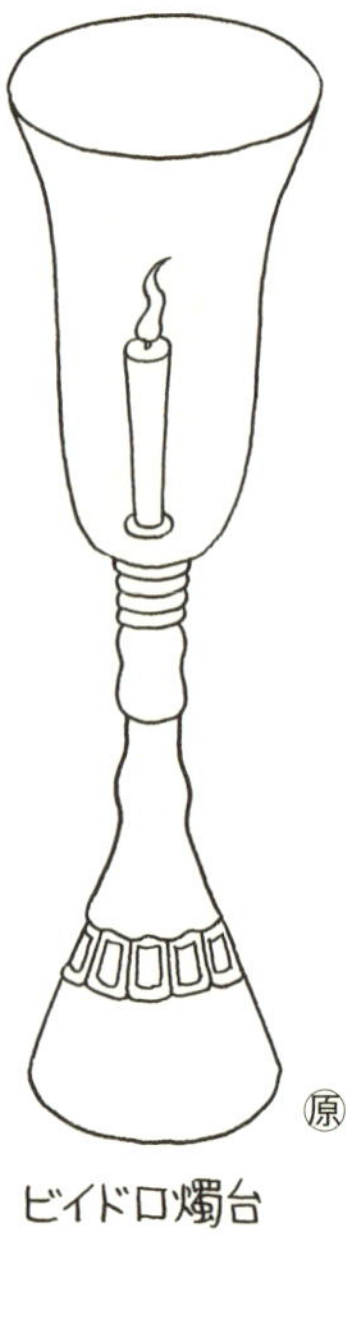

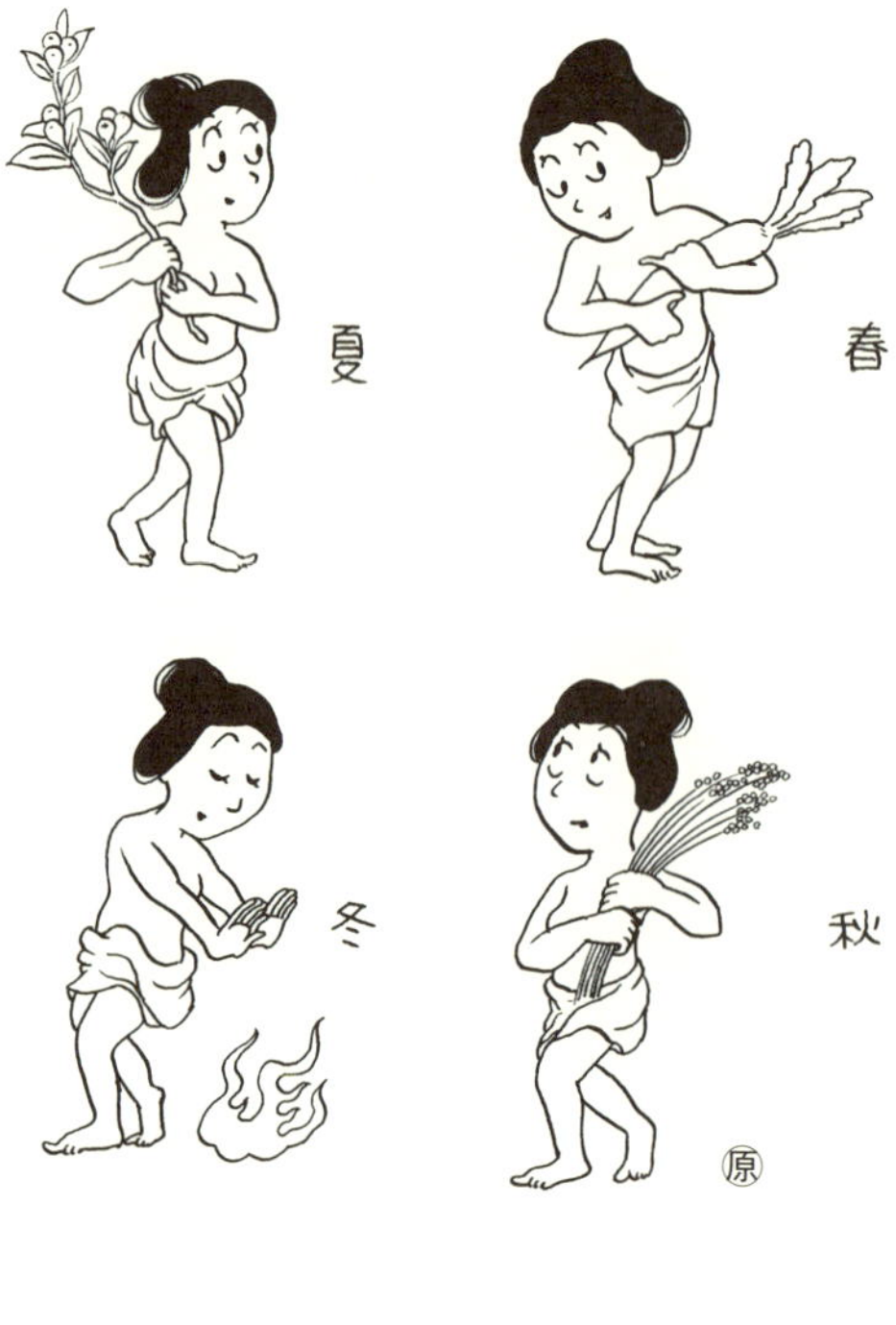

(注)四季人形はもともと西洋女性だったものが、京都の絵師によって、日本女性として描かれたものであろう。

《その次の間は三十畳ほどで、右の方十メートルばかりが雨戸障子で、しかも障子にはガラス板が張られている。（今日のガラス戸）ここにも椅子が七八脚置いてある。

また、長さ二・五メートル、奥行二メートル、高さ六十センチほどの床《とこ》（ベッド）がある。漆塗りの皮で飾り、内には斑枝《ぱん》花《や》（クッション）*4が入った布団を敷き、一方には枕、他方には足もたしがある。いずれもその床の備え付きである。

さらなる次ぎの間は二十畳ほどで、両方の雨戸障子（ガラス戸）は、ちょうど夏でもあり開け放たれていて、幕（カーテン）が張られてある。そこからは海が一望でき、涼風が絶え間なく吹いて来る》

＊4「ぱんや」については72の項目を参照のこと。

椅子にも馴じみのなかった日本人にとって、ソファーはさらに不可解なものとして目に映った。

《椅子が三脚。ひとつはカピタン、ひとつは医師、ひとつは従者が座り応対してくれる。
先ずあちらの蜜漬けの蜜柑が出された。その甘くておいしいこと。また蜜漬けの生薑《しょうが》も出た。大きいわりに身の柔らかいのにはびっくり。次にパンというものが出された。これは小麦粉からつくったものでいたって消化が良く、味はあっさりしている》*5
*5　このパンは舶来ではなく長崎で焼かれていた。長崎学の越中哲也氏によれば、パン屋は出島に比較的近い樺島町にあったが、一般に販売するのは許されず数量が決められており出島に納入されたという。

《続いて酒である。チンタ酒（赤葡萄酒）は一番強烈な味がした。また、金アラキはアラキ酒に金粉が入っており、すこし飲みやすい。*6 ウイキョウ酒はウイキョウの香りがして飲みやすい。また葡萄酒（白のこと）は少し酸味がして柔らかい》

*6　アラキはオランダ語でアラック。アルコールに香気をつけたもので、例えば丁字・肉桂・ウイキョウなどを蒸留酒に漬けたもの。

十八世紀末にヨーロッパではテンサイ糖からつくったホワイト・リカーに果実や花のエッセンスを加えたものが大流行した。ここで提供されたアラキ酒やウイキョウ酒も同様なつくりである。

蛮酒飲みくらべ
①ちんた酒
こ・これはきつ～い
②きんあらき
酒中に金粉が見えます
ちんたより少しやわらいだ感じです
③茴香酒《ういきょう》
ウイキョウの匂いがあり
まァ飲みやすいうでしょう
④葡萄酒《ぶどう》
少し酸味がありますが
飲みやすい酒です

カピタン部屋を出て、花園に向かっているところ。歩道の敷石は日本最初の舗装道路とされている。またバドミントンは、この出島が発祥の地である。

142頁の出島Cの部分の拡大図

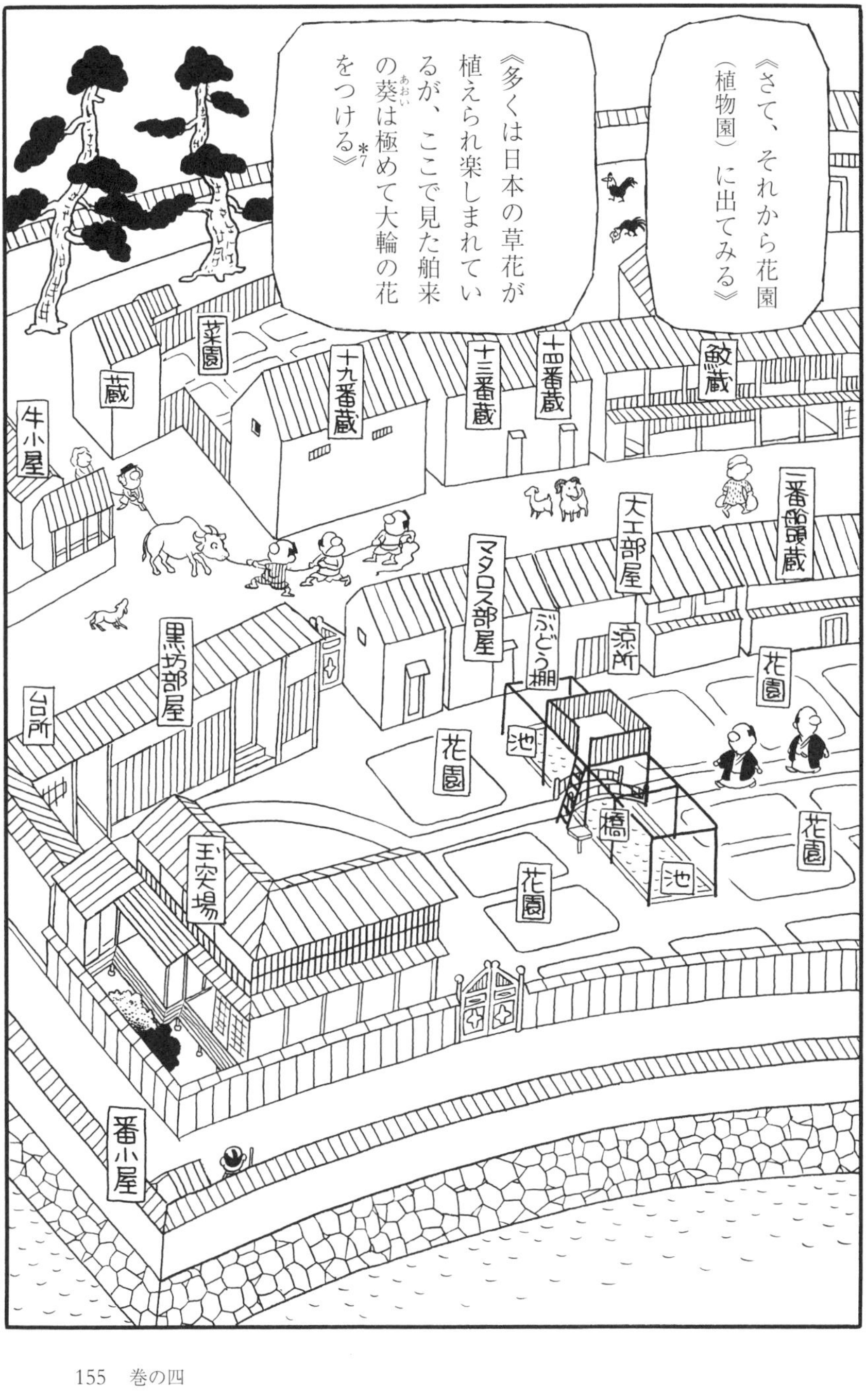
《さて、それから花園（植物園）に出てみる》
《多くは日本の草花が植えられ楽しまれているが、ここで見た舶来の葵《あおい》は極めて大輪の花をつける》＊7
鮫蔵
十四番蔵
十三番蔵
十九番蔵
菜園
蔵
牛小屋
二番船頭蔵
大工部屋
マタロス部屋
涼所
ぶどう棚
花園
黒坊部屋
台所
池
花園
橋
花園
池
花園
玉突場
番小屋

＊7　この大輪の葵は、寛文年間に伝来したヒマワリの可能性がある。漢字では「向日葵」と書く。

《この花園の傍らに屋敷があって、二階にのぼると色んな小鳥が飼われていた》
測日盤《そくじつばん》＊
水突《みずつき》＊

＊「水突」はポンプ、「測日盤」は日時計のこと。日時計は日本で最初のものと考えられる。

108

玉突盤

《また集会所には長さ三メートルくらいの台がある。上面にはすべて羅紗《らしゃ》（毛織物）を敷き、内に瑪瑙《めのう》玉*8が二つ、大きさは桃くらい。これは玉突きという遊技で、両方から向き合ってそれぞれが棒で向こうにある玉を目がけて手前の玉を突く。当たった玉が転がって、台の左右の穴から袋の中に落ちると勝ちとなる》

*8　玉突きの玉は瑪瑙ではなく象牙であったと思われる。

《その後、厨《くりや》(賄い部屋)に行ってみる。ここはカピタン部屋の下に当たり、真ん中には十四、五個も煮炊き用の竈《かまど》が並んでいる》
料理人
コケ〜ッ

《竈の周りは往来できるようになっていて、そこで家猪の仔などを丸焼きにする。その口から尻まで鉄の棒を刺し、その棒が回転するようにつくられていて、むらなく焼き上がる》
ジュー
ジュ
グルグル

109　蛮牛

《牛小屋には、外国の牛*9が十数頭いる。そのかたちは軽快そうに見え、毛は細く綺麗である。日本の牛とは異なり、いかにも食用に向いているように思える。背中にこぶがあり、異様に見えるが、その部分の肉は殊さらおいしいと言われている。近くに塩袋が括られてあって、時にふれ牛が舐めるようになっている。長崎の人はあちらの牛は痩せていて、日本の草を食べるとたちまちに肥ると言うが、そうではないだろう。牛は数ヶ月間船中にいて疲れて痩せてしまうのである。陸揚げされると、牛も安心して元に戻るだけの話ではないだろうか。

他にも諸役人の詰所、クロス（黒坊）マタロス（下級船員）の部屋、荷物蔵など話は尽きないが、すべてに言及することは出来ない》

＊9　外国の牛とは、インド原産の水牛のこと。

《オランダ人の衣裳はじつに美しく素晴らしい。彼等の衣服は夏冬とも異なることはない。夏に暑がる様子もなければ、冬に寒がることもない。ただ、一度に半俵ほども入る大きな火鉢に火を貯えて、側に置くだけである》

下図は『紅毛雑話』*より模写。なお、このファッションは十八世紀のものでいささか古い。

シーボルトが来日する十九世紀に入るとファッションも時代につれて大きく変化を見せはじめる。

＊『江戸科学古典全書』31　恒和出版　昭和五十五年

《もとよりオランダ人には髪があるが、若い者は髪に白粉で飾り立てる者がいる》
いまなら茶髪……
ポ
ポ
ビイドロ鏡
《中には髪を剃った者もいるが、それは自らが逆上しやすいのを防ぐため》
スキンヘッド
《カピタンの敷物の上には小さなチンが飼われている》
《猫の子くらいの大きさで、それを最近、肥前の鍋島侯が所望されたのであるがカピタンは首を縦に振らなかったと、これは通詞たちの噂話である》

110 オランダ人

《出島におけるオランダ人の暮らしぶりは、①思念深遠《しねんしんえん》、②言語《げんご》閑静《かんせい》、③起居《ききょ》厳重《げんじゅう》、の三つに尽きる。

日常の食事にしてもカピタン[*1]が食事を終えるまでは、従者は誰ひとりとして食べることはできない。カピタンの食事が終わるのを待って従者たちの食事がはじまる。その従者たちの食事が終わってはじめて、クロス（黒坊）、マタロス（下級水夫）たちの食事になる。

カピタンが出島から外に出る場合、館内の全員が集合し拝礼してこれを送る。帰るときにも遠見の係がいて、カピタンの姿が見えれば館内にそれを知らせ、出て行ったときと同じ様に全員で拝伏してこれを迎える》

＊1　広川は「カピタン」をすべて「カビタン」と記している。これは当時、濁点や半濁点を使用せず、「カヒタン」と書いたところから誤解された読み方と思われる。

《館内では銘々がそれぞれの役割りを持ち、様々な規律があり、これを破ると各上司からカピタンに報告が行く。罪はカピタンにより決定され、規則を破った人は鞭で打たれる。罪が重いか軽いかによって打ち方があり、もし哀れんで情けをかけるようなことをすれば、返ってその人が鞭で打たれるはめになる。このように規則が厳重に決められているので、出島でカピタンに出会うことがあれば誰もが緊張して敬意を払う。館内でもカピタン部屋の前を通るときには、誰もが脱帽する。唐人とは異なり、そうすることがオランダの礼儀だからである。

　さてカピタンは朝夕に天を拝するだけで、神仏に関わるような儀式は一切しない。[*2] そんな彼等の挙動から考えると、天地の理《ことわり》を良く察して、物ごとにとらわれることなく、たとえ生き別れになり哀しみのどん底にあっても、さほど悲しみを見せないのは、いかに憂えてみたところで、どうにもならないのを悟っているからだろう。しかしながら、われわれ日本人のように、世間を離れて風雅の世界に遊ぶという風流心は少なく、万事有益なこと、ものの便利さばかりに心を用いる。

　例えばお酒ひとつにしても、その時節に従い、食前ならばこれが内臓に良いとか、食後にはこれが消化を助けるとか、昼にはあれ、夜にはこれという理《ことわり》を考えぬいた挙げ句、飲んでも決して度を過ごさず、程良く飲用する。付け加えるまでもないが、日本人のように献酬痛飲して乱酔するなど有り得ないのである》

＊2　オランダ人はポルトガル人と違って新教徒で、礼拝に神父も祭壇も必要としなかった。彼等が貴んだのは聖書であり、それは入港のときに接収され、出港の際に返されたが、そのうちその規則も緩んだと見えて、吉雄幸左衛門は、三浦梅園との対話の中で聖書の内容にまで言及している。

《また館内の諸品、もしくは手回り品など些細なものが紛失し、その犯人が訴えられたとしてもカピタンは、そんなものは紛失していないと一向に取り上げようとしない。しかし、事と次第によっては、取り調べは十人の命を損じても顧みないほど厳しいものになる。ところで、彼等が日本から持ち帰る諸品にはそれぞれに商売相手があって、もし売人が粗略な品を納め、オランダ人もそのことに気がつかないままに持ち帰り、本国で莫大な損失をこうむったとしても、再来のときには一向にそのことは論じない。しかし、程あってのち、かつての売人にいきなり様々な高額な注文を出す。受けた方は小躍りして諸品を調達するのだが、結局なんのかんのと難癖をつけて商品を引き取ろうとはしない。こうしてその売人は粗略な品を忍ばせて儲けたときよりも、百倍もの損失を出して、とんだ迷惑をこうむることになる。

　これとは逆に、渡した商品が万事行き届いて、本国で予想を超えた利益が出た場合には、その売人に色んな土産ものを持ってきて贈ることがある。

　ところで、唐人とオランダ人は犬猿の仲で、ややもす

れば唐人たちが騒ぎを起こし、石や棒切れなどをオランダ人めがけて投げつけることがある。そんなときオランダ人はそれを避けるだけで唐人たちに逆らおうとはしない。

　これを見て長崎のひとびとは唐人はオランダ人よりも強いのだと口にするが、そうではない。オランダ人はこの天地を隅なく航海し徘徊するので、そこに敵をつくりたくないのである。もし、唐人と争って勝ったところで、中国沿岸を航行するさいに何か害を加えられることになれば何にもならない。それを考慮に入れた上での行動であると思われる。決してオランダ人が唐人に劣るというのではない》

オランダ船の図

111　オランダ人の学問と三堂のこと

《前項で触れたようにオランダ人には風流心は少なく、万事、有益を第一とする。学問でも先ず医学を学ぶ。それは人命にかかわる大事なものだから。次ぎに経済を学ぶ。それは生きる上での根本だから。最後に天文地理を学ぶ。それは彼の国の王風にかなっているからである。神仏などの細かい定めはなく、ただ天を拝するのみである。

　オランダには三堂がある。[*1] 一つは貧しくて拠り所のない病人を手当するところ。二つ目は大風悪疾を養うところ。三つ目は孤独で助ける者がいない子供を養うところ。

　国中のどんな人であれ、大水害や大火、または船中の遭難などに遭遇すると、天に祈らずにはおられない。その際無事願いが叶えられ災難から逃れることができたら、その恩返しとして、身分に応じてある人は衣類絹布《いるいけんぷ》、ある人は金銀宝玉《きんぎんほうぎょく》で、これら三堂のいずれかに寄附をする。三堂はその寄附でもって運営される。もし足りない場合には官から補うことが決められているが、一国のすべての金銀がわずか三堂に集まるので、毎年高額の余剰金が出て、それで土地や家を求めたり、貸し付けて利殖を図ったりする。そのための役人がいて、すべての窮民を救うのに潤沢な予算があるので、国の中には乞食などは一人もいないと言う話である》

＊1　三堂については森嶋中良の『紅毛雑話』[*2]（一七八九）が詳しい。彼は三堂を三院として、①貧院、②病院、③幼院に分けてそれぞれ解説している。それによると「オランダ船の舳先にはアールムース（施す）カス（箱）という箱がある。これには国王の錠前が掛けられていて、乗組員は箱の前で願を掛け、それが成就した折には、なにがしかの施しをすると誓願する。この箱はカピタンといえども開けることはできない。本国へ帰帆の際、役人立ち会いの上で箱を開き、金銀を三院の雑費に集める」と書かれている。

＊2　森嶋中良『紅毛雑話』双林社　昭和十八年

112 カピタンの事

《カピタンというのはオランダ国王の交易船の奉行役であり、わが国で言えば、旗本《はたもと》（将軍直属の家臣）のようなものである。誤解してならないのは彼が船長ではないということ。[*1] 船長は他にいて、船中のことだけを司っている。オランダ船は六月の末から七月の初めまでに、毎年長崎にやって来る。船がこの地に繋留されている間、船長はたまに出島に上がることもあるが、ほとんどは船上で生活するものである。一方、カピタンは終始出島の商館内にいる。

昨年やって来たカピタンは、新春に献上物を持って江戸参府に出かけ、その年の八、九月に出帆する船で日本を去る。このようにしてカピタンは毎年交代しているのである。

最近になって江戸参府が五年に一度という決定が下され、カピタンは五年詰めとなり、六年目に代わりのカピタンが本国からくるのを待ってから帰る。その間はカピタンの代わりに通詞が江戸に献上物を差し上げに行く。[*2]

かのオランダという国は、海上をめぐり商売を行うことにより国益をなし、日本に限らず、世界中の諸国と通じている。もっともいくつかの出店があって日本に来る船は、じゃがたら（ジャワのバタビア）という出店から船を出している。日本からじゃがたらまでは三千四百里、じゃがたらから本国まではさらに三千四百里ある。[*3]

オランダは九州ほどの小さな国でありながら、天文地理学に詳しく、あちらの書物の中にも新しい国々を吟味した旗印を見たことがある。つまりオランダには、常々世界を吟味する役目の船があって旗を掲げて天地をめぐり、人が知らない国があればそれを見つけ出して、追々自国の領土とするのである。あるいは無知蒙昧な国があれば、慣れ親しむうちについには属国としてしまう。じつはじゃがたらも、初めは土地を借りて出店としていたのものが、今ではオランダのものになってしまったのである》

＊1　カピタンと船長を混同しているのは今の日本人にも多い。
＊2　江戸参府は毎年春に行われていたが、寛政二年（一七

九〇）からは、カピタン自身が東上するのは五年目、すなわち四年ごとに一回と改められた。
＊3　この里数は誤り。林子平の『阿蘭陀船図説』＊4によれば日本からジャワまでを三千里、ジャワからオランダまでを一万里、合計で一万三千里としている。川柳にも「丸山の恋は一万三千里」がある。
＊4　林子平『林子平全集』

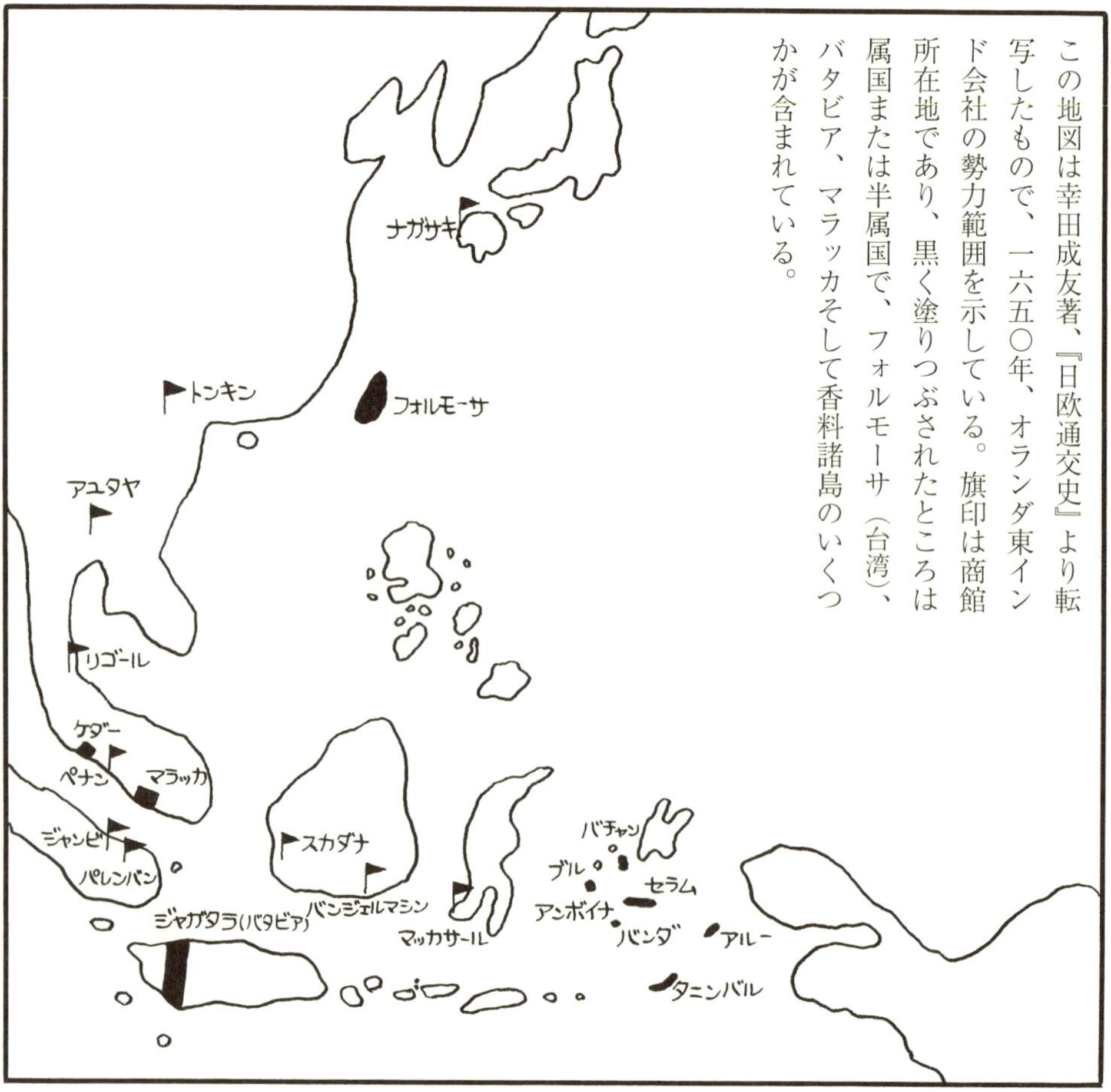
ナガサキ
トンキン
フォルモーサ
アユタヤ
リゴール
ケダー
ペナン
マラッカ
ジャンビ
パレンバン
ジャガタラ(バタビア)
スカダナ
バンジェルマシン
マッカサール
バチャン
ブル
セラム
アンボイナ
バンダ
アルー
タニンバル
この地図は幸田成友著、『日欧通交史』より転写したもので、一六五〇年、オランダ東インド会社の勢力範囲を示している。旗印は商館所在地であり、黒く塗りつぶされたところは属国または半属国で、フォルモーサ（台湾）、バタビア、マラッカそして香料諸島のいくつかが含まれている。

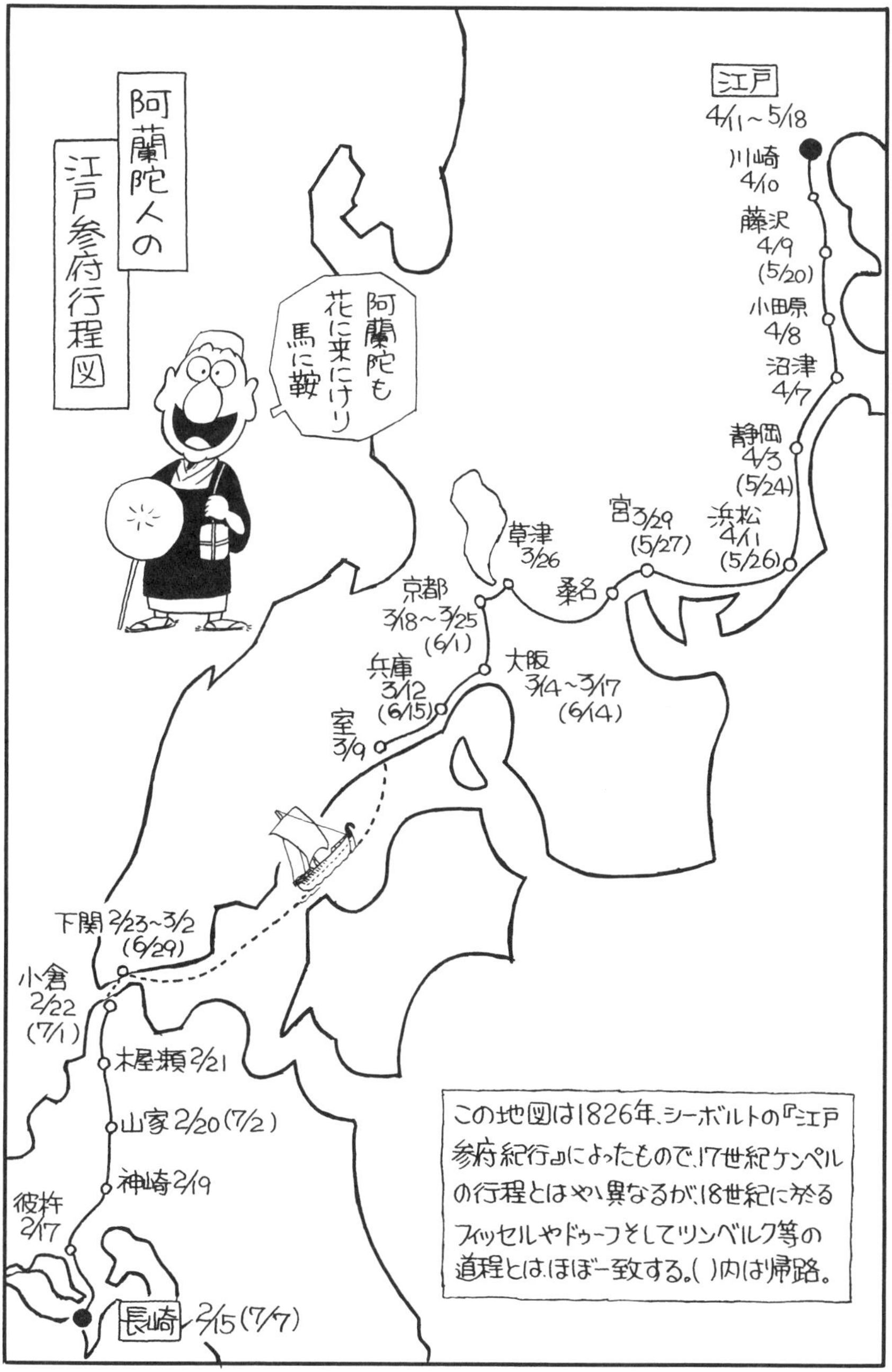
阿蘭陀人の
江戸参府行程図
阿蘭陀も
花に来にけり
馬に鞍
江戸
4/11~5/18
川崎
4/10
藤沢
4/9
(5/20)
小田原
4/8
沼津
4/7
静岡
4/3
(5/24)
浜松
4/1
(5/26)
宮3/29
(5/27)
桑名
草津
3/26
京都
3/18~3/25
(6/1)
大阪
3/4~3/17
(6/14)
兵庫
3/12
(6/15)
室
3/9
下関2/23~3/2
(6/29)
小倉
2/22
(7/1)
木屋瀬2/21
山家2/20(7/2)
神崎2/19
彼杵
2/17
長崎2/15(7/7)
この地図は1826年、シーボルトの『江戸参府紀行』によったもので、17世紀ケンペルの行程とはやゝ異なるが、18世紀に於るフィッセルやドゥーフそしてツンベルク等の道程とはほぼ一致する。( )内は帰路。

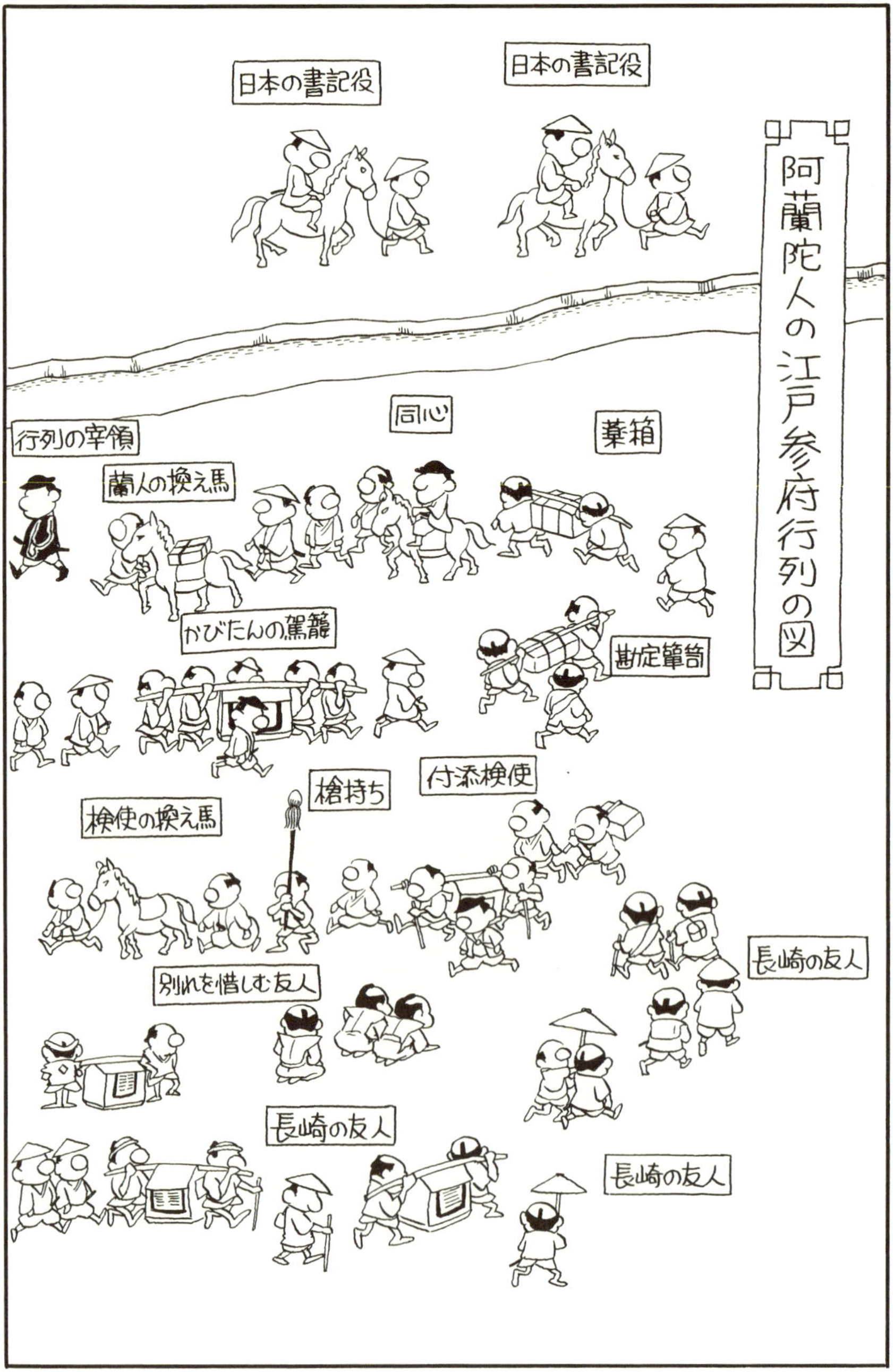
阿蘭陀人の江戸参府行列の図
日本の書記役
日本の書記役
行列の宰領
蘭人の換え馬
同心
薬箱
かぴたんの駕籠
勘定箪笥
付添検使
槍持ち
検使の換え馬
長崎の友人
別れを惜しむ友人
長崎の友人
長崎の友人

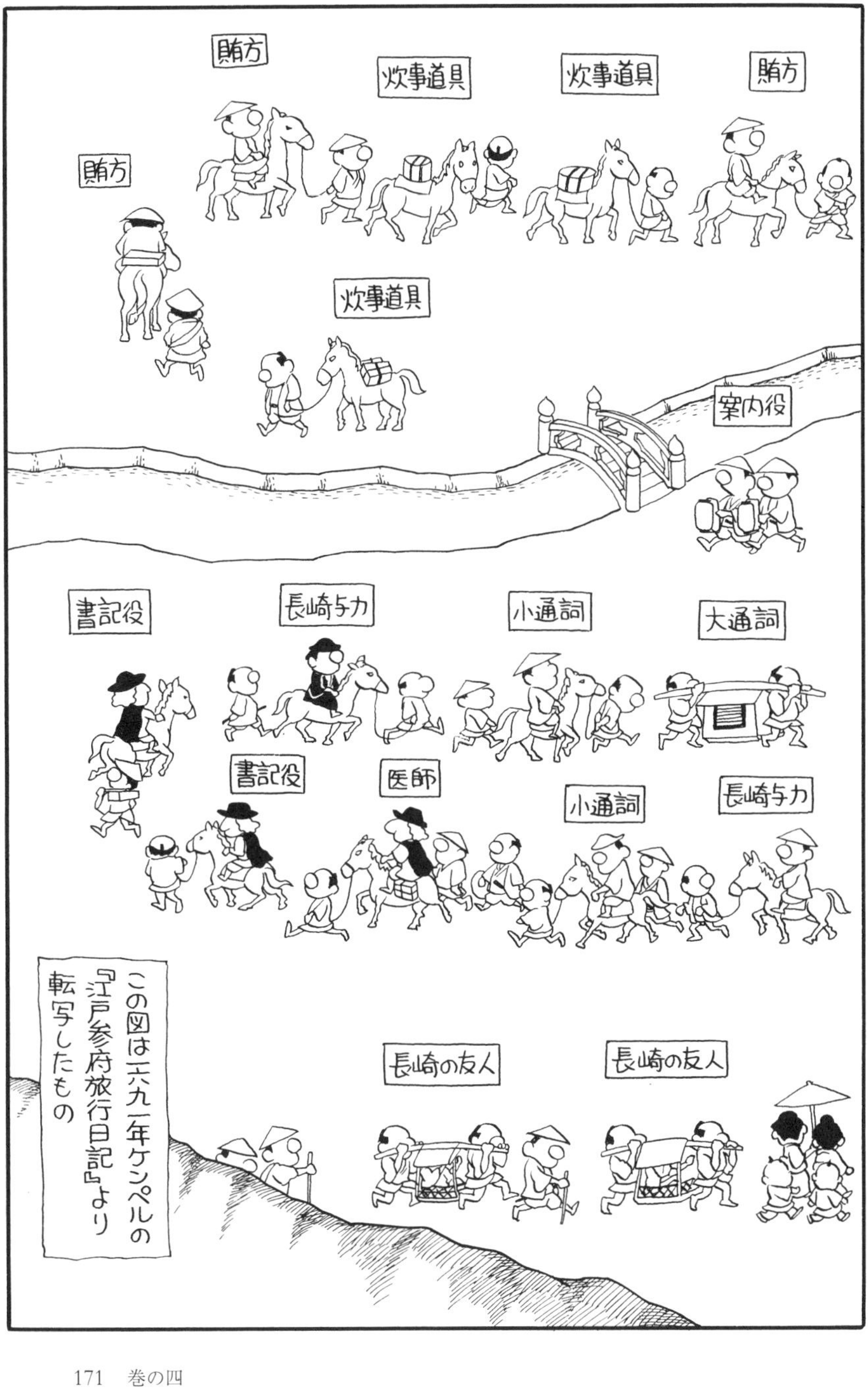
賄方
炊事道具
炊事道具
賄方
賄方
炊事道具
案内役
書記役
長崎与力
小通詞
大通詞
書記役
医師
小通詞
長崎与力
この図は一六九一年ケンペルの『江戸参府旅行日記』より転写したもの
長崎の友人
長崎の友人

113 黒坊

《黒坊はオランダ人が連れて来て下僕として使う人々で、彼等の故国をカブリという。カブリは大国で、南天竺（南インド）の西南にある＊。

国主というものはなく、ところどころに頭分《かしらぶん》（酋長）がいる。とても暑いところで、肌の色が黒いので黒坊または黒すと言う。この地に二三年もいれば、その色薄くなり、大抵日本人の色黒な人と変わらなくなる。

カブリ国には決して雪は降らないので、初めて日本の雪を見たときは奇怪に思うらしい。この黒坊は性質は実直で主人に良く馴れ仕え、骨身を惜しむこともなく、危険も顧みないで高い帆柱にも登って良く働く。そういうわけでオランダ人は彼等を数多く連れてくる。自分たちに従わせるのに言葉で説明するのが難かしく、獣を扱うように撲ち、戒めて仕えさせる。それでも従わないときには、殺して海底に捨ててしまう》

＊「南インドの西南」とはおおざっぱな表現で、南アフリカを指す。リンスホーテンの『東方案内記』大航海叢書（一九七三）にはモザンビークから喜望峰に至る沿岸地方に住む黒人をカッフレ（カフィール）人と称するとある。これがカフリとなってカブリに変化した。西川如見の『増補華夷通商考』でも、黒坊の出身地として登場する。しかしアフリカから黒人を連れてきたのはポルトガル人の時代であって、オランダ人は、バタビアからインドや東南アジアの人々を乗せて来た。いずれにしても日本人と比べれば色が黒い。

114　オランダ人が病気になったとき

《彼等が病んだときには服薬の方剤も色々ある。オランダの医書には労疸《ろうさい》、水腫《すいしゅ》、咳痰《せきたん》など諸病の服薬について論じている。

　ただし彼等が恐れているのは大便が固まること、つまり便秘である。これは肉食を日常とするところから臓腑が熱を醸《かも》し、大腸が熱せられ大便秘をもたらすである。*1

　そういうわけで彼等の病気のほとんどが悪性のはれ物、できものや様々な瘡《かさ》を患うことが多い。したがって外科を専らとするように見えるが、じつは他の諸病に対する服薬も非常に多い。*2

　ただ、漢方で用いる鍼灸の術は未だに開けていないようである。考えてみれば、彼等は肉食による熱が原因の病気が多いわけで、灸火で治ることは稀であろう。

　また、オランダ人が下僕である黒坊が病気になった場合、酒薬、水薬、お湯なども飲ませる。瘡や腫れものは逃げ回るのを無理矢理捕えて、指を切り、足を削る。十分な治療を与えてもみても不治の病であることが分かれ

ば毒殺する。黒坊たちもそれを知っているので、服用を拒むときは、無理に口をこじ開けて薬を飲ませ死に至らしめる。そうやって亡くなった下僕たちは葬送もなく、犬馬の死と等しく、船中ならば海底に投げ捨てる。長崎に着岸の後であれば、藁で包んで悟真寺[*3]の隅っこに埋める。

これはオランダの悪しき風俗であり、痛ましく忍びがたいことである》[*4]

＊1　太陽スペシャル『長崎遊学』平凡社（一九八六年）には、出島資料館にある大きな浣腸器の写真が載っている。

＊2　これは当時、蘭方は外科を専らとし、内科はないと考えられていた俗説を否定したもの。実際、吉雄幸左衛門は内科についても伝授した。

＊3　56の項を参照

＊4　黒坊を考慮して、オランダ人をかくまでも厳しく批判した人物は、江戸期を通じて誰もいないのではないだろうか。

115 オランダ船のこと

《オランダ船は材木を組んで堅固に造ってある。無用のところまですべて鉄釘が使われており、釘と釘の間は蛮打麻《ちゅん》で塗ってある。*1 したがってたいていの岩石ならば、それを磨《す》り砕いて通れるように仕上げてある。

じゃがたらを四月頃出帆し、三千四百里の波涛を越えて、長崎に六、七月に到着する。そこに行くと唐人たちは寧波《ねいは》*2を出帆して日本までわずか三百里しかないのに、長崎に入り損なって薩摩や紀州に漂着し、そこから長崎まで送られてくる事が時々起きる。オランダ人は天文地理に明るいので大海を自在に徘徊し、他所に漂着するなど決してない。

船中では人を使い、効率よく働かせるために、まさしく軍隊と同じようにそれぞれに持ち場が決まっており、合図の響きが終わる前に、すみやかに多くの人数が反応する》

《長崎に入ってくるときは石《いし》火矢《びや》（大砲）を撃ち放ち、その真っ黒い煙りで船が見えなくなる。*3 しかもその煙りが薄れつつあるときに、それまで開いていたたくさんの帆を、たちどころに巻き納めてしまう》

*1 蛮打麻は不明。ただし「塗ってある」という表現から、チャン、すなわちペンキではないだろうか。『通航一覧』に「吉雄耕牛曰く。オランダ船は、皆全木を畳み重ねてつくり、チャンにて塗り固め、何様の岩角に載せ掛かるとも、少しも動くことなし」とある。

*2 寧波はニンポウのこと。**34**の項を参照。

*3 長久保赤水『長崎行役日記』筑波書林（一九九四）に、「オランダ船は海口を出るまでに二百余発を打ち出す。このときは長崎中地震のごとし。並べ置く諸道具もかりかりと鳴る」とある。

《また、出帆のときにも例の石火矢を撃ち放ち、その煙が薄らいで消える前に、数多くの旗を羅列してみせる（満《まん》艦飾《かんしょく》のこと）。その変わり身の早さは人目を驚かすに十分である。それくらい進退が敏速でなければ、大海の風波を自由に乗りきることは出来ないのだろう》
人々が見送っている場所は大波止《おおはと》（波止場）で、右には船をつなぐ石、左には大砲の玉が置かれている。
鉄砲丸《てっぽんたま》

《オランダ船の帆柱のことであるが、和船のように柱を横に畳むことはできない。*4 着岸したのちも柱は立ったままなので、風が強いときには短く縮ませることができる。時によっては逆に伸ばすこともできるが、どういう仕組みでそうなるのかまでは分からない。ところで積荷をすべて陸揚げすることは決してない。もし船を空にすれば船縁《ふなべり》が非常に高くなり、人の乗り降り、積荷の移動も出来なくなる。そういうわけで積んできた荷物と持ち帰る荷物とを入れ替えるのである》

＊4　和船が長期滞在する際には帆柱を抜いて、船上に横たえることができた。

《さて入港後、出島に上陸する人と、船中に留まる人とに分かれる。船に残った者は、長崎に逗留中、船の修復や掃除を丁寧に行わなければならない。その掃除をする際にも、折れ曲がった掃きにくいところの塵を払うのに便利な奇器がある。皮製の数十メートルの筒（ホース）があって、先ず帆を張ってその風を様々なからくりを以て、今言った皮の筒先まで導いて、それを下方の塵を払いたいところに振り回せば、風が吹き出してことごとく塵を吹き払ってくれる》*5

*5　掃除機の初期のものと考えていいだろう。

116

水揚奇器

《また、船を洗うにも奇器がある。これも皮でつくった筒、その長さは自由に継ぎ足すことで調節することができるのであるが、その一端を海中に浸し、奇器をもって海水を吸い上げ、もう一端を思うところに振り回せば、先端から水が吹き出て、汚れを濯ぐことができる。この奇器は長崎代官所にもあって、井戸の水替えなどに用いる。一端を井戸に浸し、もう一端を外に投げ出しておくだけで、面白いように水が吹き出てあっという間に井戸が干上がる奇器である》*6

この絵は一五六頁の「水突《みずつき》」を簡略化したもので、ポンプの原理がまったく理解されていない。

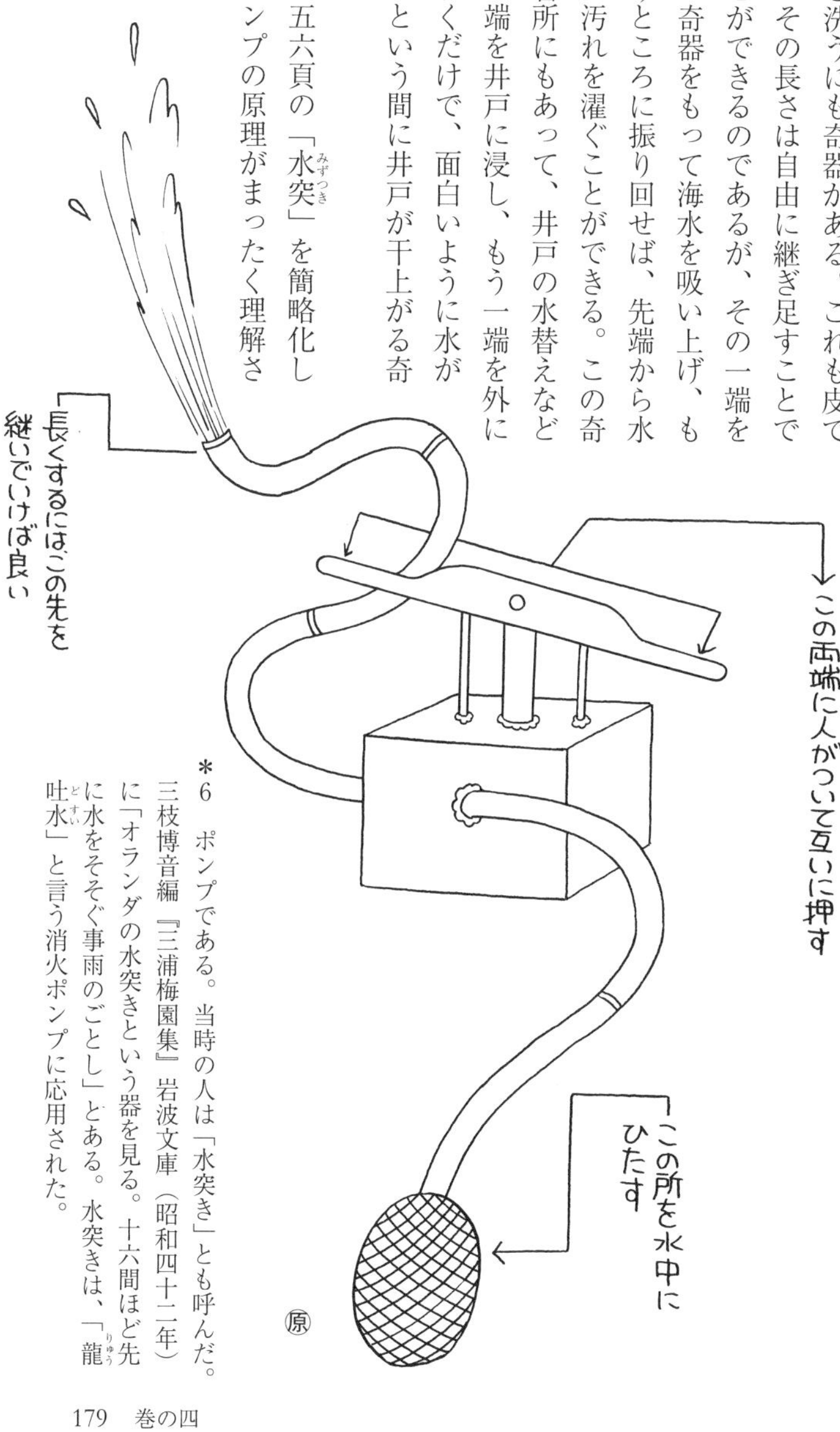

この両端に人がついて互いに押す
長くするにはこの先を継いでいけば良い
この所を水中にひたす
原

＊6　ポンプである。当時の人は「水突き」とも呼んだ。三枝博音編『三浦梅園集』岩波文庫（昭和四十二年）に「オランダの水突きという器を見る。十六間ほど先に水をそそぐ事雨のごとし」とある。水突きは、「龍《りゅう》吐《ど》水《すい》」と言う消火ポンプに応用された。

117

阿蘭陀船の図

㊗

このオランダ船の図は、いかにも良く描かれたように見えるが、じつは大きな誤りがある。それは船首である。蘭船にはこの絵に見るような「舳《みよし》」*はない。

確かに船の後部のギャラリーは細かく描かれているが、舳先の方は和船である。つまり和船と洋船がちゃんぽんになった船なのである。

また旗の中に逆向きのものが混じっているのも、如何なものかと思う。

*舳は「水押し」とも書き、和船では多くの場合クスノキが用いられた。正しい蘭船の図は一六五頁を参照のこと。

広川が蘭学や蘭法を学んだ吉雄幸左衛門（耕牛）に関しては、私が覚えているだけでも、異なった五枚の肖像画が残されている。

江戸時代、一枚でも肖像が残っていればたいしたものなのに、この枚数は彼の存在が如何に大きかったかを示すものではなかろうか。

中の一枚が下図である。腰に差しているのは日本刀ではない。サーベルである。これは彼がオランダ通詞に誇りを持っていた証しであろう。

左手に持っている本は明らかに蘭書である。まるで座右の書であるかのように、彼の手の中に収まっている。

白いあごひげが生える前なので、六十歳代頃のものと思われる。

吉雄《よしお》耕牛《こうぎゅう》（一七二四～一八〇〇年）
オランダ通詞《つうじ》にして医師。通称幸左衛門
のち幸作。剃髪《ていはつ》後の号を耕牛と称す。
〔サインの読み方〕
JOは吉雄の「よ」
koozackは
コーサックつまり
「幸作」のこと
Jo Koozack

巻の五

最後の巻はオランダ船が運んでくる舶来品が中心となる。西洋の薬、菓子、コーヒーなども紹介される。

それが終わったところで広川はちょっと脇道に入り、「海の大怪物たち」を挿入する。それはかつて京都でもベストセラーとなった『華夷通商考』からの写しであるが、広川はどうしてもこれらの怪物たちの姿を描きたくてしょうがなかったようである。ちょうど我々が雪男やエイリアンに惹かれるのと同じように。

私は、その見てきたような嘘で固めた挿絵だけでは物足りなさを感じたので、その怪物たちの本当の姿にまでさかのぼって調べあげて、描き添えてみたが如何であろうか。

その後は再び硝子細工に戻り、新型遠眼鏡（天体望遠鏡）、そして広川あこがれの外科用の携帯用の薬用箱でこの『長崎聞見録』は終わる。

なお本の奥付には、次のような広川の著書の広告が見える。

広川先生著目

『唖科初言』　小児の初生の治法をしるす

『按腹傳』　鉄斉流按腹のしかたをしるす

『嬰児論』　大清周士称著広川校正　傷寒論の文法をしるす

『石菖品彙』　次村石菖の種類を集め画家の図を加入

寛政十二年（一八〇〇）庚申九月　京都書林　大坂書林

ここから広川は小児科・内科にくわしかったことがうかがえる。おまけに石菖《せきしょう》（サトイモ科の植物）のコレクターでもあったようである。

118 ステレキワートル（すてれきわあとる）のこと

原

《ステレキは猛《もう》で、ワートルは水のことである。オランダ人が持ち渡る水薬の名前で、非常に猛烈なもの。試みに紙などを漬けて引き上げると、たちまち煙りが立ちのぼる。銅や鉄のような金属に垂らせば、みな腐乱してしまう。*1

オランダ人は銅板を彫るのに、先ず蝋《ろう》を流し、その蝋面に細密画や文字などを彫り、この水薬を先ほど彫った蝋の間に流し込む。一晩置いてその蝋を洗い落とせば、何の苦労もなく様々の彫刻が出来上がる。まことに腐薬として最上の猛水である。*2

稀にしか持ち渡らないので、公儀の御買い上げとなって売薬には無い。この薬水を調べてみると、詰まるところが胆礬《たんばん》（硫酸銅から成る鉱物）に色んな品味を入れて製したものである。*3　この薬水を製しようとしても、先ずその容器からして腐敗するので、その製法は面倒なものとなる。硝子《がらす》は唯一腐敗しないが、猛火で製するので、硝子の方がこの猛火に堪えられない》

《そこで先ず一つの層炉を造り、その炉に砂を盛る。薬水の入った細長い硝子を、その砂の中に埋めて、炉の下から烈火をおこしこれを焼く。熱が砂に伝わると、砂の熱によって硝子が暖まり、その水が露となって登り、硝子の長い口に雫となって滴る。これがステレキワートルである。[*4]

この薬水には葡萄酒が合う。もし穀類から造った酒を用いれば、薬として役に立たなくなる。[*5] これを製する器を上に図説する》

＊1　ステレキワートルとは濃硫酸のこと。

＊2　ここで簡単ながら紹介されているのは当時の銅版画の手法である。広川は京都に戻ってから自ら銅版画を試みて成功している。

＊3　硫酸の初期の製造は、硫酸銅または硫酸鉄を乾留することによって得られた。

＊4　ここに述べられているのは、希硫酸から濃硫酸を製造する方法だろうか？　詳細不明。

＊5　原文は「この水薬に葡萄酒を用う。もし殻にて製したる酒を用れば、薬勢鈍劣なり」

119 牛胆南星《ごたんなんしょう》

《オランダ人が持ち渡るもので、その色わずかに黒い。かたちは或る物は拳のようで、また或るものは毬のようである。決まったかたちは無い。その製法は牛胆（生薬）に天南星《てんなんしょう》（サトイモ科の植物）をよく混ぜ固めたもので歳月を経たものほど極上品となる。一切の急性喘息などに、白湯で磨いて服用すればその効果は速やかに現れる》

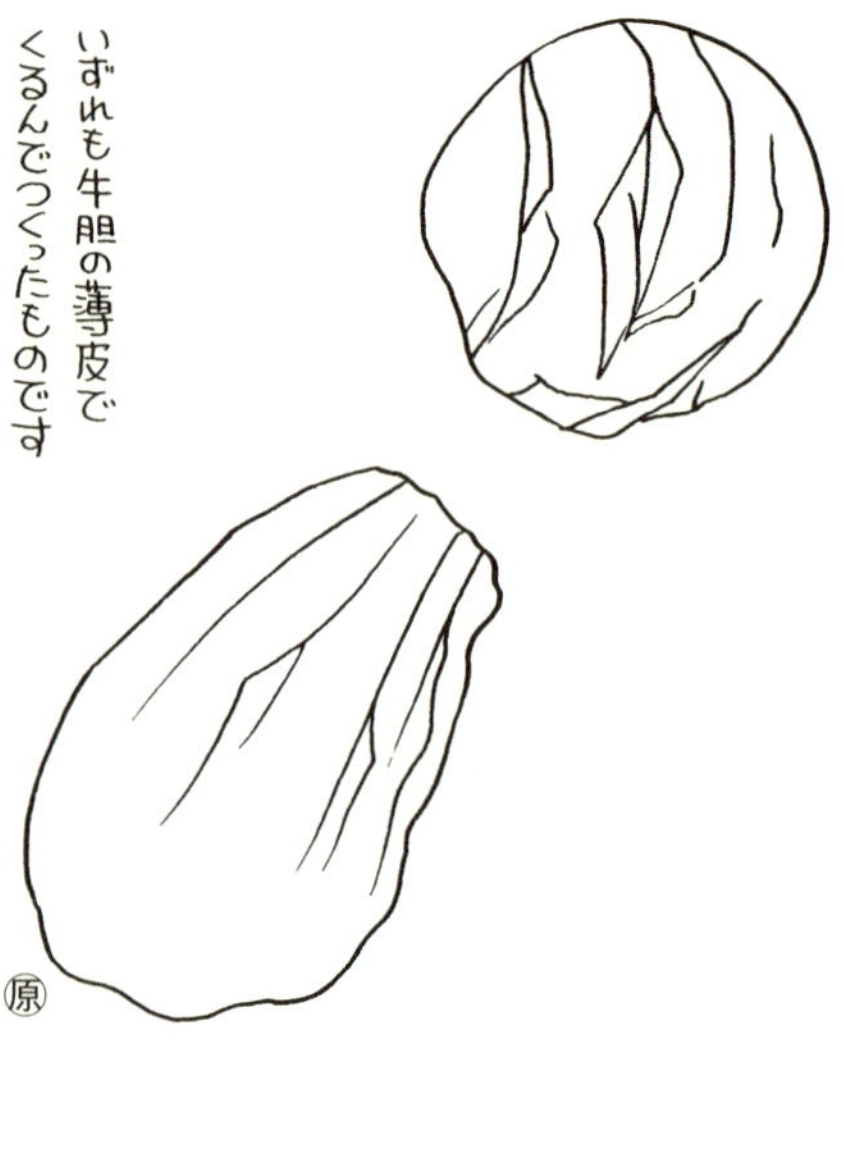
いずれも牛胆の薄皮でくるんでつくったものです
原

120 ショクラトウ（しょくらとう）

《ショクラトウ*はオランダ人が持ち渡る腎薬《じんやく》（精力増強剤）で、かたちは獣の角のようで、色は阿仙薬《あせんやく》（生薬で褐色または暗褐色）に似ている。味は淡泊で、作り方ははっきりしない。

服用するには、先ず熱湯を準備して、そこにショクラトウを一センチほど削り入れ、鶏卵一個、砂糖少々。この三つを茶を点てるときと同じ様に茶筅で良く掻き回す。その泡立ったところを飲用する》

江戸時代の人々が、チョコレートを薬として服用していたことを教えてくれる貴重な記録である。

＊ チョコレートのこと。

㊖

121 ノヲサヨウ（のをさよう）

《ノヲサヨウ*は天竺（インド）でつくられた薬で、丸く大小さまざまある。表面を金箔で覆ってあり、これを砕くと良い香りが漂う。そのつくりは牛黄《ごおう》（生薬）のように一枚一枚重ねてあり、それぞれに金箔がある。効き目は朝鮮人参に百倍する。

あらゆる救急の際に二、三センチ削り、白湯で服する。稀にしか渡ってこないので、高価にして珍奇なことでは第一の薬》

＊ 正体不明。

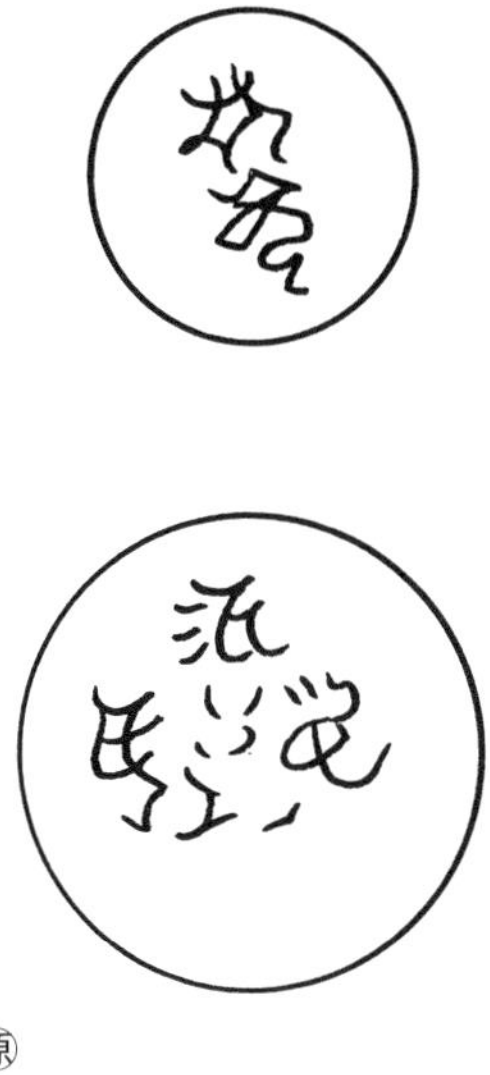

㊖

122

蛮紅花《さふらん》

《サフラン[*1]はオランダ人がよく運んで来る、よく知られた血薬。この薬少しでも風にあたれば、乾いて成分が薄くなり効き目がなくなる。そこで、硝子の器に鶏卵と一緒に入れて密封しておけば、薬気を損じることない。[*2]長くたつうちに薬気によりヒヨコが羽化することがある。[*3]そのときには取り替えなければならない》

＊1　アヤメ科の多年草でヨーロッパ原産。雌しべの花柱は赤色で三裂して糸状に垂れる。この花柱を収穫し乾燥したものをサフランという。紀元前からから香辛料・薬・着色料、染色などに利用されてきた。

＊2　この方法は誤りではない。卵の殻が湿度を吸収するのを利用したもの。

＊3　ヒヨコが羽化したのは薬気によるものではなく、たまたま受精卵が交じり、ガラスの中で暖められたからであろう。

123　蛇頭石《じゃとうせき》*

《スランガステンと言うもので、毒蛇などに咬まれた傷口にこの石を付けると毒あるところに吸い付いて離れない。自然に離れ落ちるのを待って、牛乳に浸すとたちまち毒が牛乳に溶けて出る。それをさらに綺麗な水でよく洗い、日に晒せば何度でも使える。偽物が多いが、長崎の楢林《ならばやし》家に秘するものは本物である。図のように白に黒の紋がある》

＊　恐竜や大型動物の化石で、当時はゾウの骨の化石を龍骨、ゾウの牙のそれを龍角（龍角散という薬の名前に生きてる）と呼び、それを碁石ほどに砕き磨いたものをスランガステン或いはスランガステインと言った。多孔質なので舌などに乗せると吸い付く感じがする。杉田玄白の『蘭学事始』に、「ある日、カピタンのカランスが長崎屋でスランガステインを平賀源内に見せたところ、源内は翌日、故郷小豆島から出た龍骨（スランガステイン）を持って来てカランスに献上した。カランスは源内の博学振りに驚き、返礼にオランダの本草書二冊を贈った」という内容のことが記されている。なお、この項目は、源内の本草書『物類品隲《ぶつるいひんしつ》』と一致し、広川が源内の本草書に通じていたことを証明している。

原

124　スートホウトドロップ*（づうとほうとどろっぷ）

《これはオランダ人が持ち渡る痰切りである。漆色で甘味がある。元をたどれば甘草（生薬）を主として煮て仕上げたもの。よく痰を溶かし、声を潤してくれる》

＊　スートホウトとは原材料のスペイン甘草（マメ科）のことである。ドロップは西洋飴なので、現代で言えば「のど飴」に当たる。三浦梅園が二度目の長崎遊学を終えて帰るとき、吉雄幸左衛門から贈られた土産のひとつがこの「痰切り」だった。のど飴は現代でも売られている。

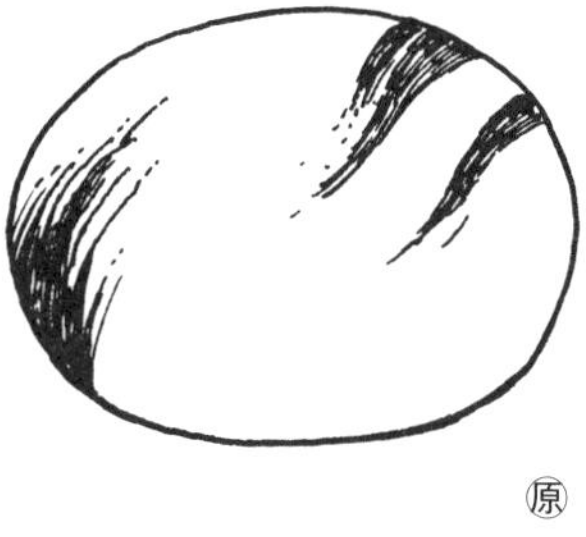

原

125　コーヒー（かうひい）

《コーヒーはオランダ人が煎じて飲む豆で、かたちは白扁豆《はくへんづ》*に似て、湿気がある。豆は真ん中から離れ、二片になる。色が真っ黒になるまで炒《い》ったのち、日本人が茶を飲むように常々服するものである。その効用は、脾臓の働きを活発にし、溜飲を消し、気を降す。よく小便を通じ、胸のつかえをなくし快くしてくれる。ということで平胃散《へいいさん》や茯苓飲《ふくりょういん》（ともに生薬）に加えて飲めばさらに良く効く》

日本のコーヒー史を語る場合、避けて通れない個所である。

コーヒーは、オランダ通詞、志筑忠雄《しづきただお》が二十三歳のとき著した『万国管窺《ばんこくかんき》』（一七八二）に「オランダ人の常に服するコッヒーというものは、かたち豆のごとくなれども、じつは木の実なり」とあるのが初出。豆と言えば普通、一年草《いちねんそう》と思われるが、「木の実」すなわち木本《もくほん》であることを正確に把握している。

広川は医者の立場からコーヒーの効用を論じ、しかも初めて図入りでコーヒー豆を紹介した。

＊　白扁豆は今日のフジマメのこと。別名をインゲンマメ。白くて湿気があるというので、それが焙煎前のコーヒー豆を指しているのがわかる。

全形

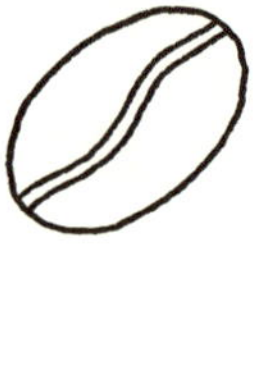
内側

外側

(原)

126

コーヒーカン（かうひいかん）

《これはコーヒーを浸す器である。真鍮《しんちゅう》でつくられている。先ず熱湯を灌ぎ入れて、コーヒーを浸す。器の下方に出口がある。出口の上にまわし手があり、これをつまんで順にまわせばコーヒー汁が出てくる。そこを茶碗で受け納め、ちょうどいい加減になったとき、逆に戻せば口がふさがる。図に見るようなものである》

この文章を読むと広川は実際にコーヒーポットを扱った様子がよく分かる。場所は吉雄幸左衛門の屋敷だったと思われる。

日本には日常生活の中にネジがなかったので、絵師は蛇口の開閉する部分を描ききれていない。それはまるでコルク栓のようにしか見えない。

なおこの蛇口のことをカランと言って、今日でも水道業界で使われているが、これはオランダ語で鶴のことである。言われてみれば、蛇口は鶴の嘴《くちばし》に似ている。

127 オランダ菓子

《オランダ人が楽しんでつくる菓子。小麦粉でつくる。内側の餡《あん》には梅肉《ばいにく》を入れ、砂糖で調和たものを家猪の油で揚げる。臭くて日本人には合わない。その一、二を描いてみる》

原

128 コロップ（ころっぷ）

《コロップ[*1]はオランダ人がビイドロ[*2]の口などにするために持ってくる。

柔らかい木である。湿り気があれば、ますます膨らんで水を漏らさず、徳利などの口にはこの上なく重宝する。これを切るときは剃刀のようなものでないと、ささくれて切ることができない。或いは砥石で磨いてちょうど良いサイズにしてから、物の口とする》

＊1　コルクのこと。コルクはコルクガシの樹皮から採取する。山本孝造著『びんの話』日本能率協会（一九九〇）によれば、明治十七年頃、銀座に店を出した日本の洋コルク栓の創始者、奥勝重はコルクのことを「コロップ」と呼んでいたとある。銀座界隈を注意深く観察すると、今でもコルクを扱った店が残っている。

＊2　ガラス瓶

原

129 オランダ縮砂《しゅくさ》

『和漢三才図絵』に、「縮砂はオランダの船が持って来る。東京《とんきん》（ホーチミン市）のものが良く、交趾《こうち》（ベトナム）のものは平たく小さく劣っている。近年、砕粒の縮砂が来て、砂仁《しゃにん》と称するが、最も良いものである」とある。図はこの粒になったものではないだろうか。効用としては「脾・胃をあたため気を下し、虚労・冷瀉・宿食の消散しないものを治す」と言う。

原

130 カタアタス（かたあたす）

「用法主治未詳」としか書かれていない。これはヨーロッパ南部・西アジア産のツチハンミョウ科の成虫と思われる。カンタリスと呼ばれ、発泡発毛剤として使われた。

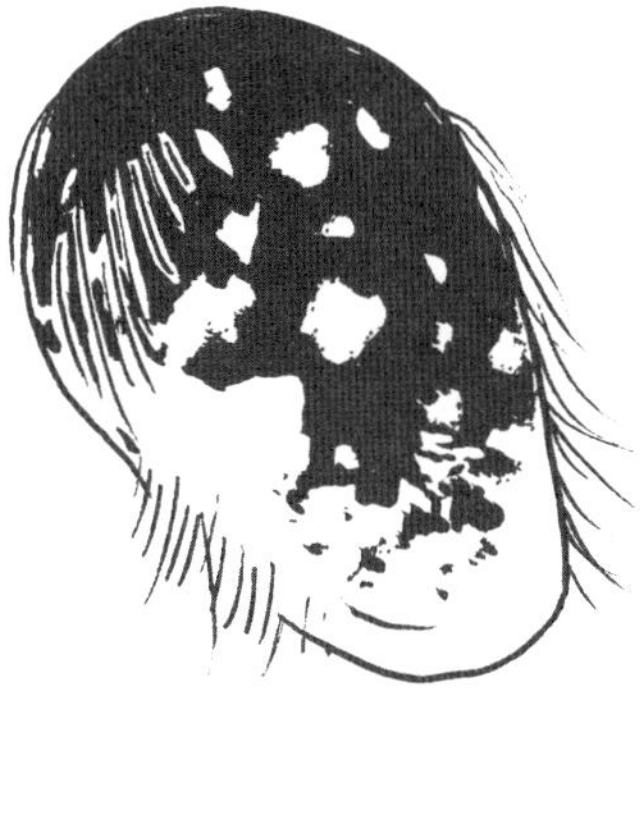

原

131　蛮栗《ばんりつ》

《蛮栗（オランダの栗）というものがある。これは非常にめずらしいもので、大きさは卵ほど。全面に模様が施されている。しかも彫りが深く、高名な匠《たくみ》が彫ったものに良く似ている。漆色が美しく、その殻は固くて丈夫である。紐を通す穴を開けて、その穴から少しだけ肉を採って殻の表面を磨けば、ますます艶が出る。これに金銀の鎖を通して、腰などに下げて佩《おび》もの（アクセサリー）にする》

蛮栗とは小スンダ列島からモルッカにかけて分布するカナリヤノキの種子のこと。カナリヤノキの樹高は四十五メートルにも達する。熱帯各地の公園樹、街路樹としてよく植えられる。オランダ総督府のあったジャワ島にもあった。その固い種子の殻は細工が施され、ペンダントなどアクセサリーになる。種子の中の仁《じん》は脂肪分に富み、それで磨けば艶が出るのもうなずける。それにしても広川の細部に至るまでの観察力には驚かされる。

原

132　オランダの水仙

《オランダ水仙は、根が平たく銀臺に似ている。* 鉢に水を入れて、根を浸して育てると花を咲かせる。まことに水仙の名に価するものである》

日本の水仙はシルクロードを経て中国に伝わり、それが入って来たもの。ここに言うヨーロッパの水仙は、あまりにも種類が多すぎて同定するのは不可能だった。

＊ 銀臺については23の項目を参照

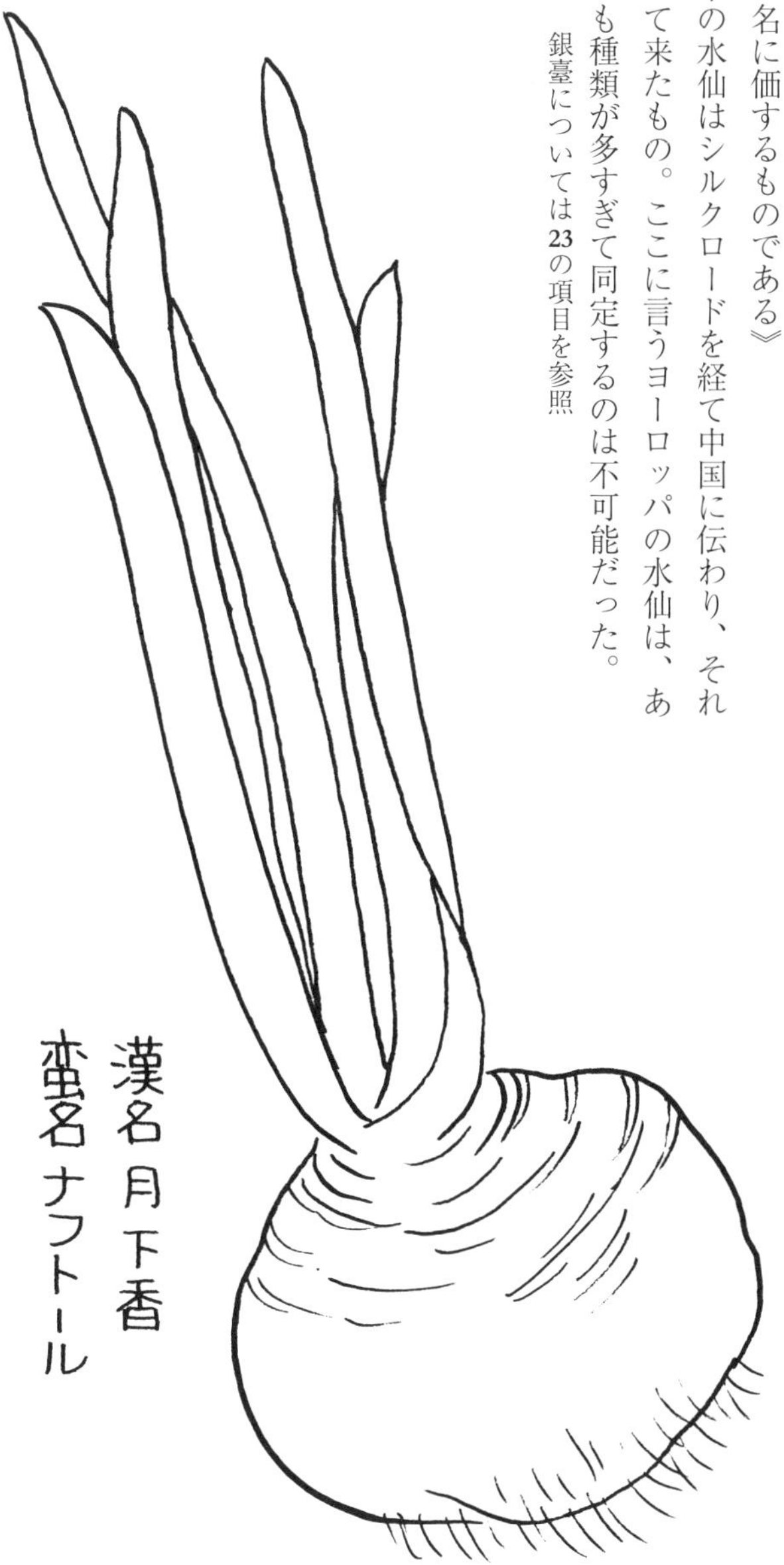

㊊原

これから続く項目は「大海奇物（海の中の奇妙な生きもの）」というテーマで統一されている。

それは133「**仁魚**」、134「**飛魚**」、135「**薄里波**」、136「**ラガル**」、137「**落斯馬**」、138「**航魚**」、139「**海女**」140「**海人**」の八項目であるが、そのすべてが、西川如見の『増補華夷通商考』から引用されている。

如見の原本では十五項目ほどの不思議な生き物が紹介される前に、「海の中には訳の分からない生物がたくさん生きている。獣のようであり、人のようなでもあり、魚のようでもあって判然としない。異国人の話から伝わったものをここに記す」という断りがある。さらに面白いのは「児童が泣きやまないときに、これらの生き物の話をすれば役立つ」とある。つまり如見は、これらの生き物たちを鵜呑みにはしていなかったようである。

しかし、広川の好奇心はたちまちこれらの不思議な生き物たちに魅了されたと見えて、原本にはない挿絵まで挿入して紹介している。いうまでもないが、それらはすべて勝手な想像によるものである。

ただ、その不思議な生き物というものが、想像上の出鱈目ばかりであったのかと言えば、決してそうではない。それらはすべて大航海時代にヨーロッパ人が初めて接した海の生物たちのゆがんだ印象であって、したがってそれらを再検討すれば、ちゃんとした生物であることが判明するのである。そこで、今日の目から見直した生物たちを「種明かし」として挿絵の下に追加して描いてみた。「大海奇物」の項目が教えてくれることは、大航海時代の余波が、極東の日本にまで確実に届いていたということである。

133 仁魚

《仁魚は大きな魚で、長さは七十メートルを越える。悪魚が船を害しようとすると、この魚が現れて船を守り、悪魚を近づけさせない。あるいは悪魚が弱魚を食べようとすると、まとこれを保護し食べられないように振る舞う。そういうところから漁民はこの魚を捕らえることを禁じている》

大きさはとても信じがたい。クジラが九十メートルとあるからクジラより小型である。『華夷通商考』では「にんぎょ」とルビがある。

仁者

㊊

タネ明かしのコラム
仁魚とはおれのことかとイルカ言い

134

飛魚

《飛魚は長さ三十センチほど。鳥のように水面を飛ぶ。大魚がその姿に気がついてこれを食べんと口を開けて待ち構えていると、恐れてさらに空高く飛ぶ。むかしオランダ人の船に飛び込んだものを長崎まで持ってきたことがあると言う》

原
以前紅毛人の船に飛びこんだ飛魚が運ばれてきたことがあります。

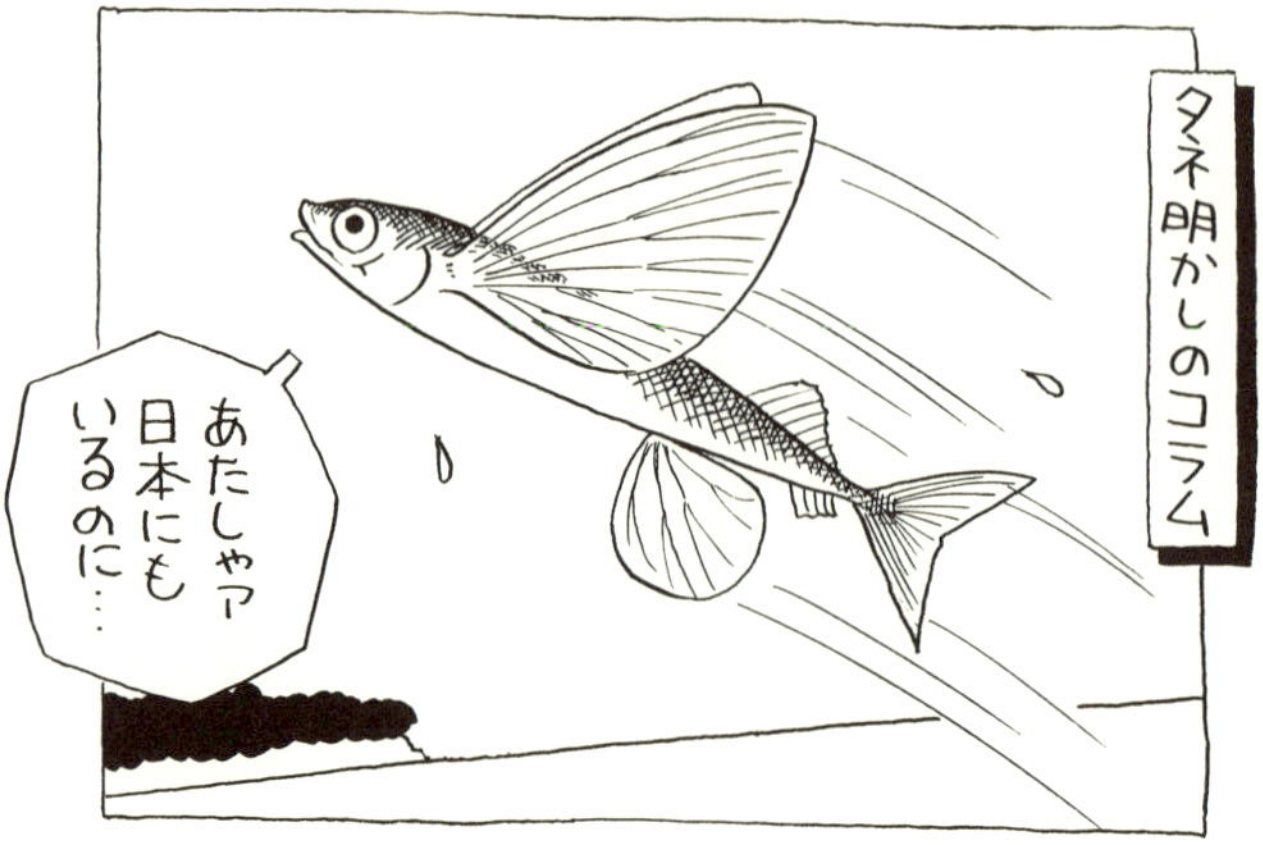
タネ明かしのコラム
あたしゃア日本にもいるのに…

薄里波《ほりは》

《薄里波は体長三メートル。全体が水晶のように透き通り、体が色や物に従って変化する。例えば、石に移れば石の色となり、藻に寄れば藻の色となる》

むかしは保護色という概念は無かったから、このように体が透明であると解釈していたのが分かって面白い。

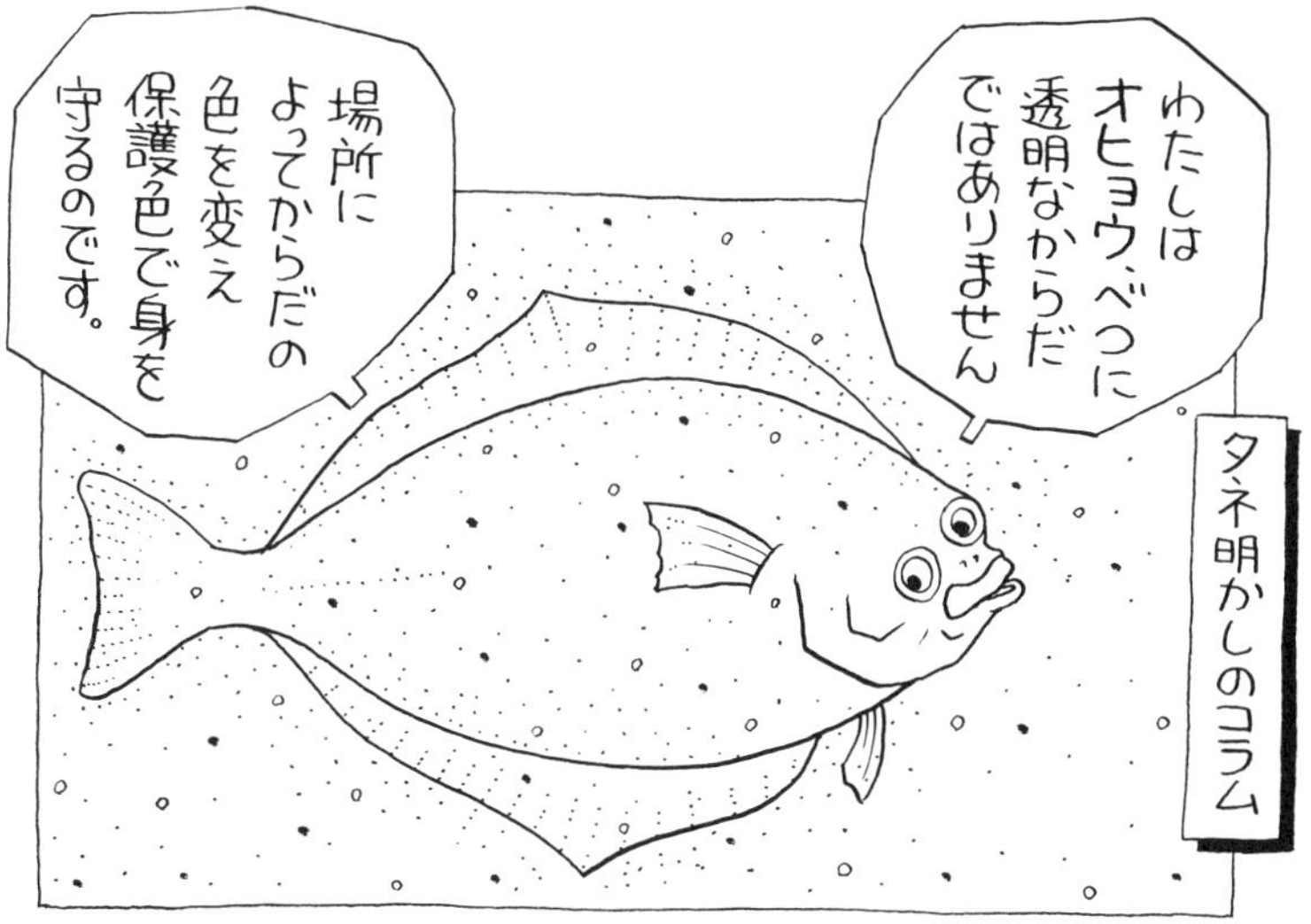
タネ明かしのコラム
わたしはオヒョウ、べつに透明なからだではありません
場所によってからだの色を変え保護色で身を守るのです。

136
ラガル

《ラガルは夜国（北極のように夜が長い国）に生きている。長さ六メートル。尾が長く、鱗の固さは金属や鉱石にも勝る。槍や刀でも突き破ることは不可能。歯は鋸のようで、脚には鋭い爪がある。性質はどう猛で、魚はなんでも食べてしまう。ときどき上陸して、獣を追いかける。また、人間も食べてしまう》

(原)

ラガルは「ラガルト」が正しい。それはスペイン語でトカゲのこと。ここではワニのことを指している。底本の『華夷通商考』には夜国に住むとは書かれていない。明らかに広川の読み違いである。

解説はさらに続くが、省略した。

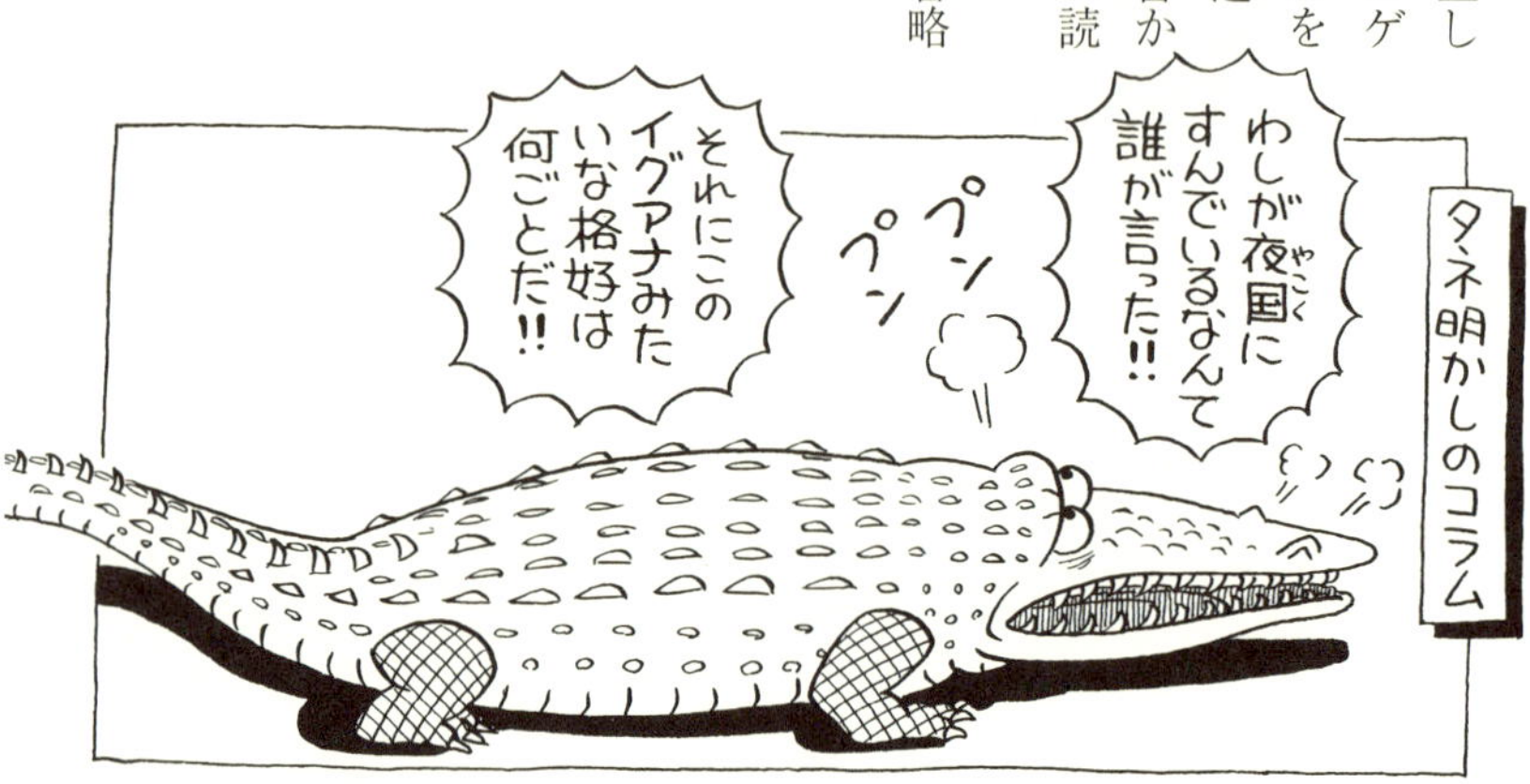
タネ明かしのコラム
わしが夜国《やこく》にすんでいるなんて誰が言った!!
プンプン
それにこのイグアナみたいな格好は何ごとだ!!

137

落《ら》斯《し》馬《ま》

《長さは一メートルを越える。短い前足を持つ。まれに海に浮かぶことがある。皮革は固く刀剣でも切ることはできない。額に二つの角があり、ちょうど釣り針のように曲がっている。この角を岩場に掛けて眠るそうだ》

北極海に生息するアザラシやセイウチが混合して伝わったと考えられる。良く見ると、下半身は魚として描かれている。これらの図は広川か、京都の絵師のよる完全な創作である。

㊊

ZZZ…

タネ明かしのコラム
おいらセイウチだけど……ま……こんなもんじゃないの…

138

航魚

《貝の仲間である。大きさは三十センチほど。ハマグリに似た殻を持っており、移動するときには六本の足の皮を帆とし、殻を船として流れに乗って航行する》

　これはタコブネのことである。巻き貝に似て、内側に卵嚢を産み付け、保育する。タコブネはアン・モロー・リンドバーグの名作『海からの贈り物』にも登場する。

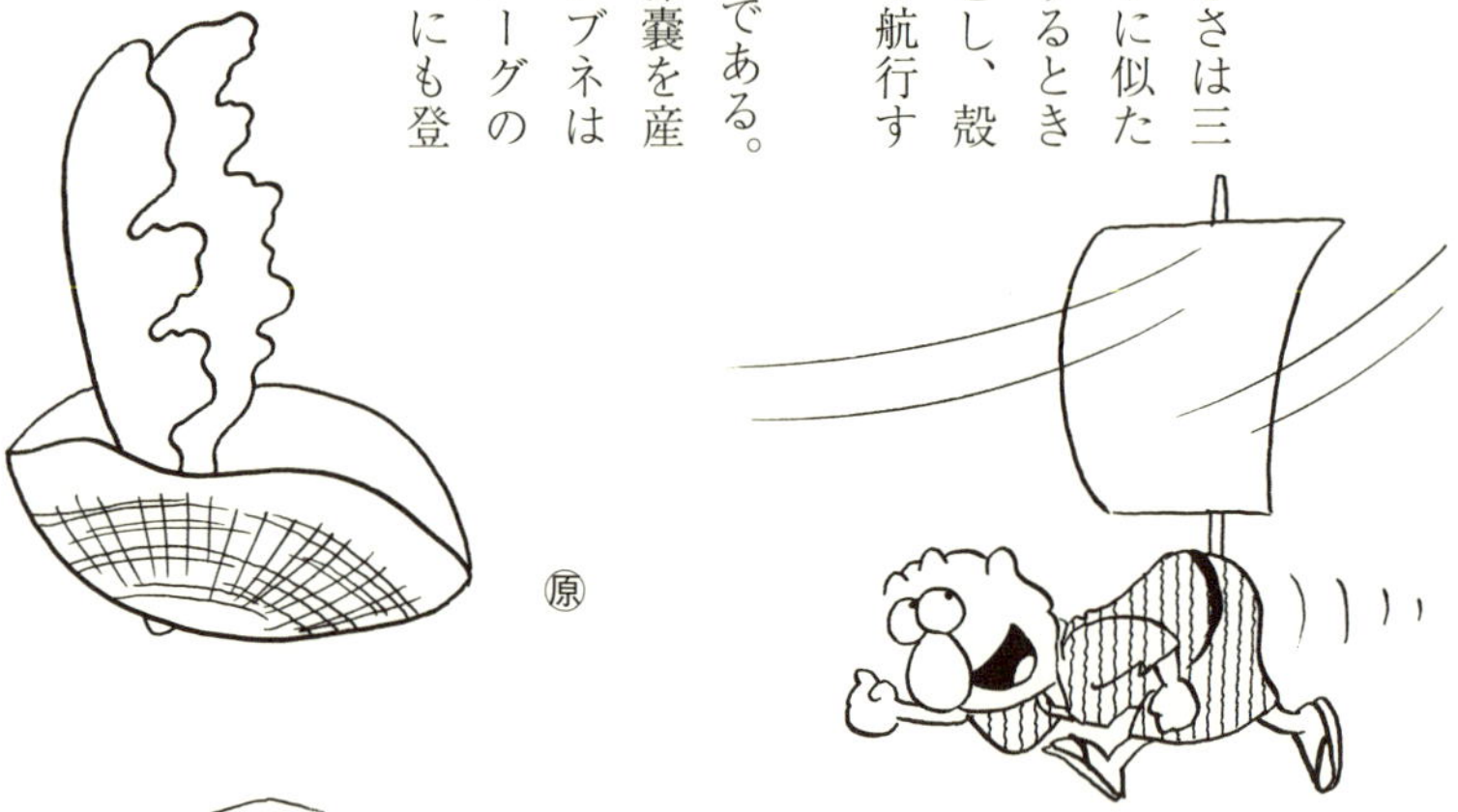
原

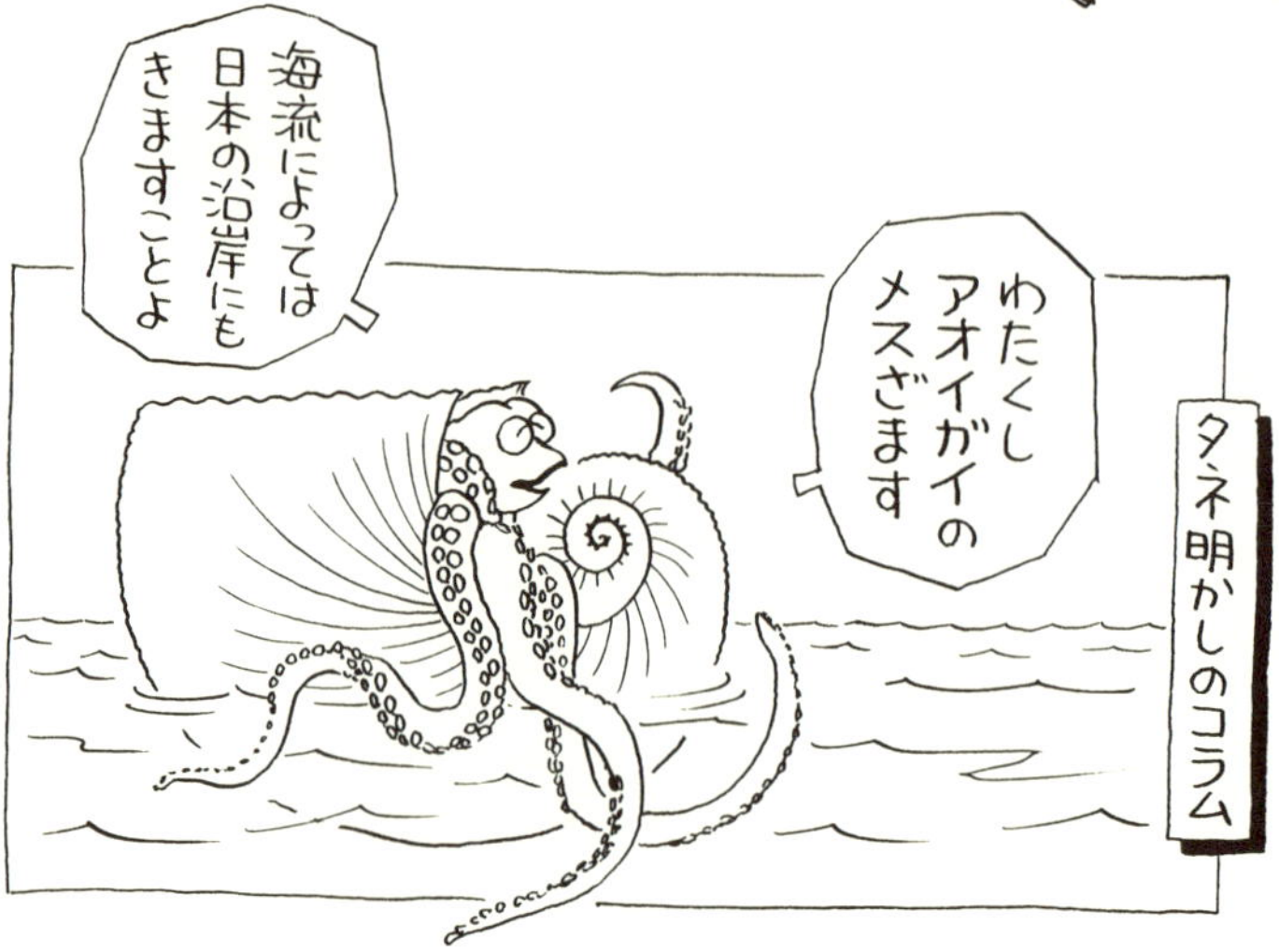
タネ明かしのコラム
わたくし
アオイガイの
メスざます
海流によっては
日本の沿岸にも
きますことよ

139 海女

《海女は半身は人間の女性で、半分は魚の仲間。その骨をペイシムレル*と言い、下血を留める妙薬である。オランダ人が運んでくることがある》

＊ 底本にはペイシムトルとあるが、如見によれば、ペイシムレルである。それは海馬《かいば》（タツノオトシゴ）の骨と間違えられることがある。

そう言えば長崎の漢方屋さんで、大きなタツノオトシゴの乾燥したものを見たことがある。

㊊原

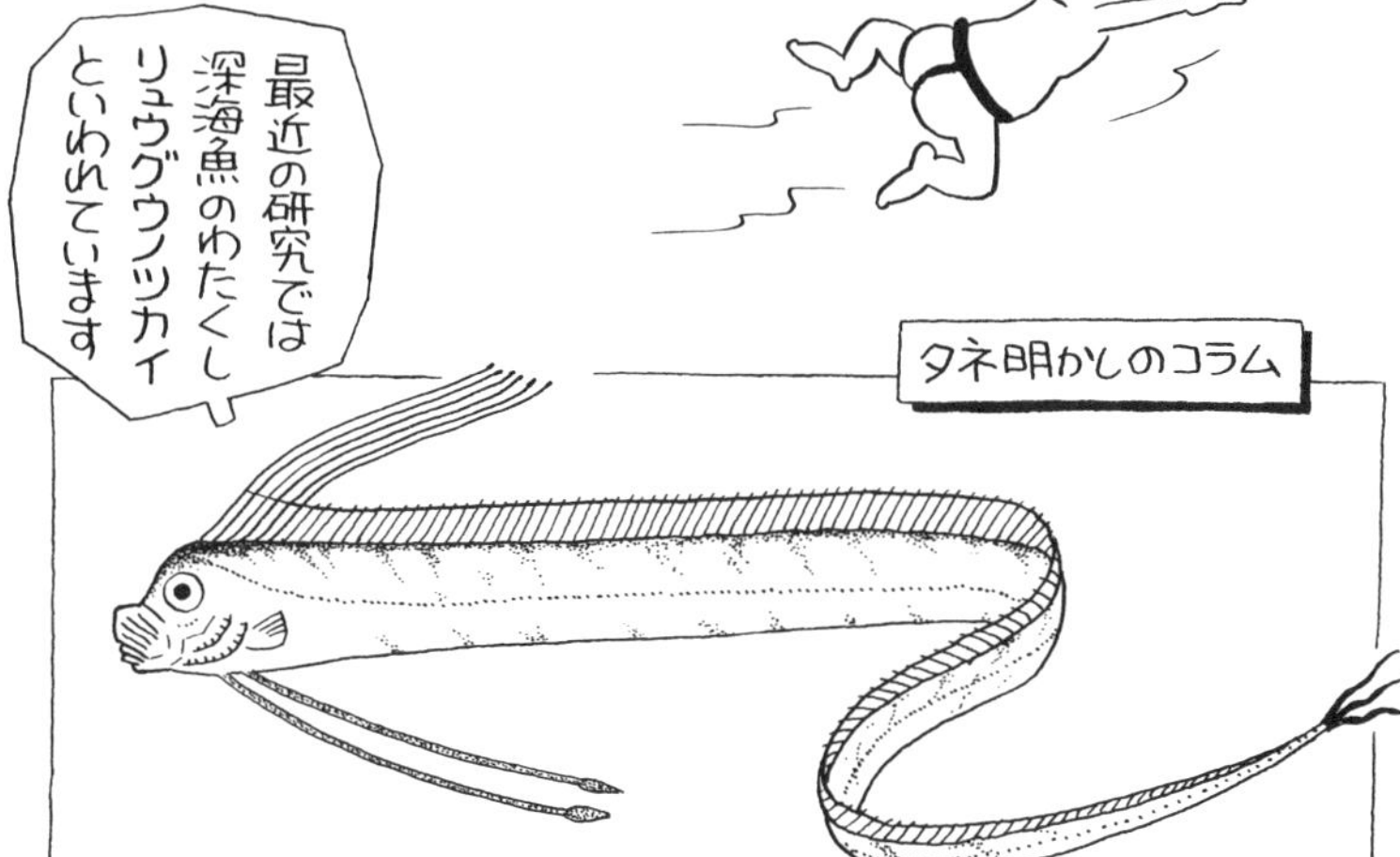
最近の研究では
深海魚のわたくし
リュウグウノツカイ
といわれています
タネ明かしのコラム

140 海人

《全身に肉皮があり、それが下に垂れている。まるで袴を着ているかのようだ。その他の部分は人間の身体と変わらない。手足にはどれも水かきがあって、陸にのぼり数日置いても死なないという》

古人はダイオウイカと接したとき、それが余りにも巨大すぎて、とてもイカとは考えられなかったところからこんな空想が生まれたのだろうか。

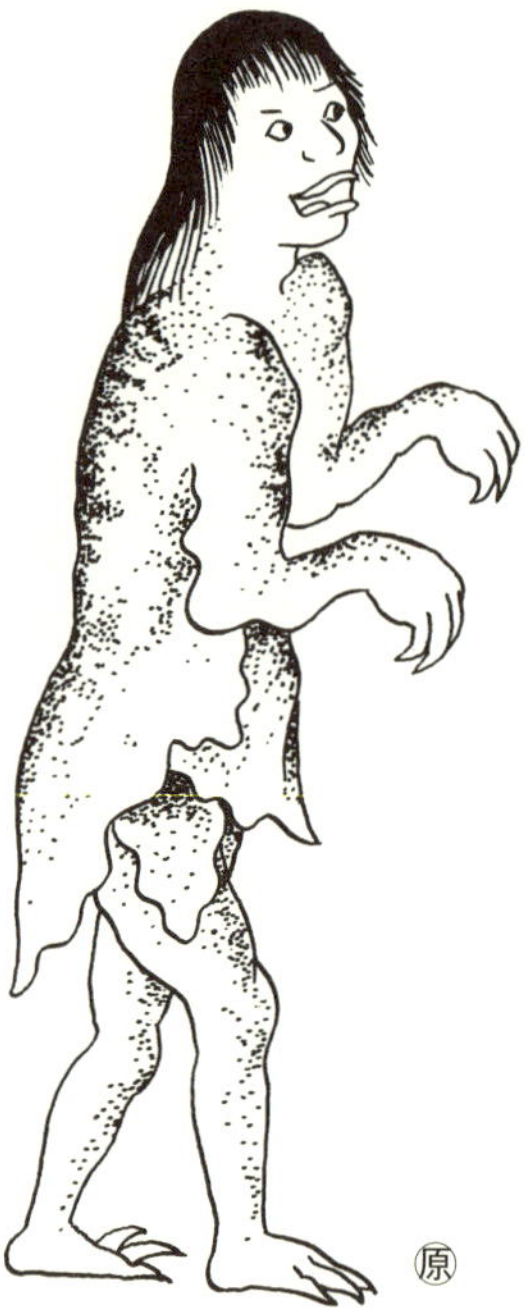
原

タネ明かしのコラム

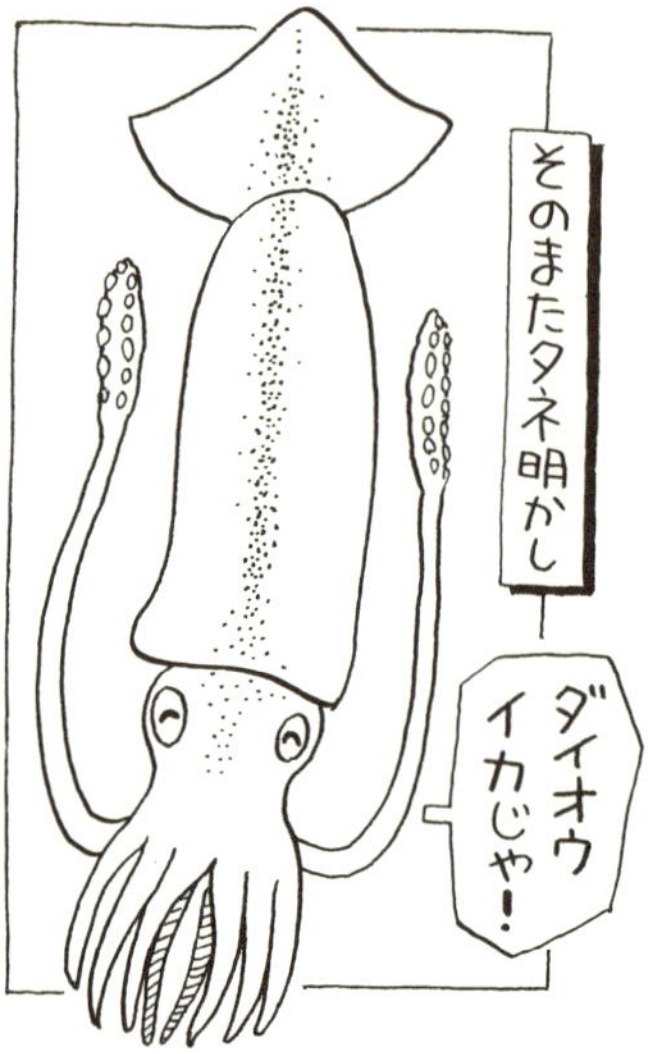
そのまたタネ明かし
ダイオウイカじゃ！

141

吸玉《すいだま》

《吸玉はオランダ語でホツヘツベントウザ。吸口がすこし外に向き、薄くつくられている方が、吸うのが強くなる》

これは治療の目的で血液をとるときに用いられる道具で、「吸いふくべ」とも言う。硝子でつくられていて、少し凹ますと吸い口から血や膿んだ汁などを吸い上げる。日本でも蛭《ひる》に血や膿みを吸わせることは古くから行われていた。

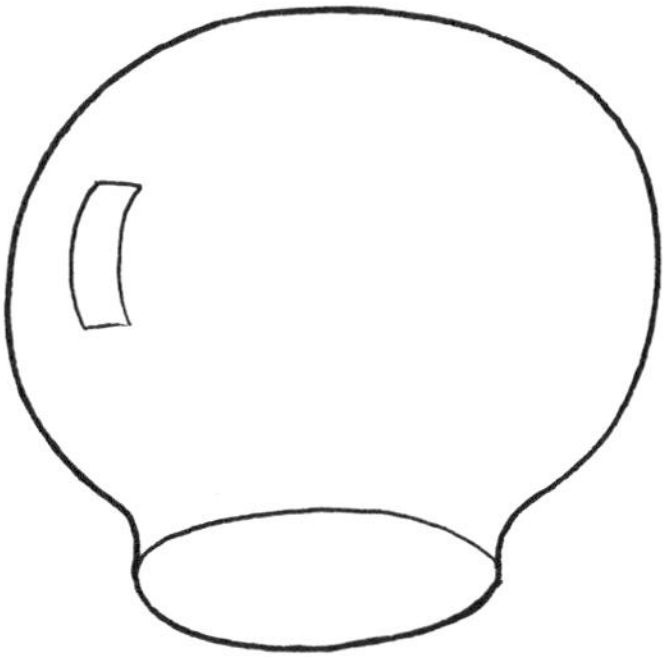

(原)

142

弦朝顔《つるあさがお》の盃《さかずき》

《この盃は硝子製で、酒が和らいで飲める良いものである。長崎に硝子細工店に売られている》

酒が和らぐと言う意味がいまひとつはっきりしない。アルコール分が少なくなることはないので、熱燗の酒が管を通る間に冷めて飲みやすくなると言うのであろうか?実物が神戸市立博物館にある。お酒を注がれると置くことができないので、飲み干すしかない。

(原)

143

オランダびん

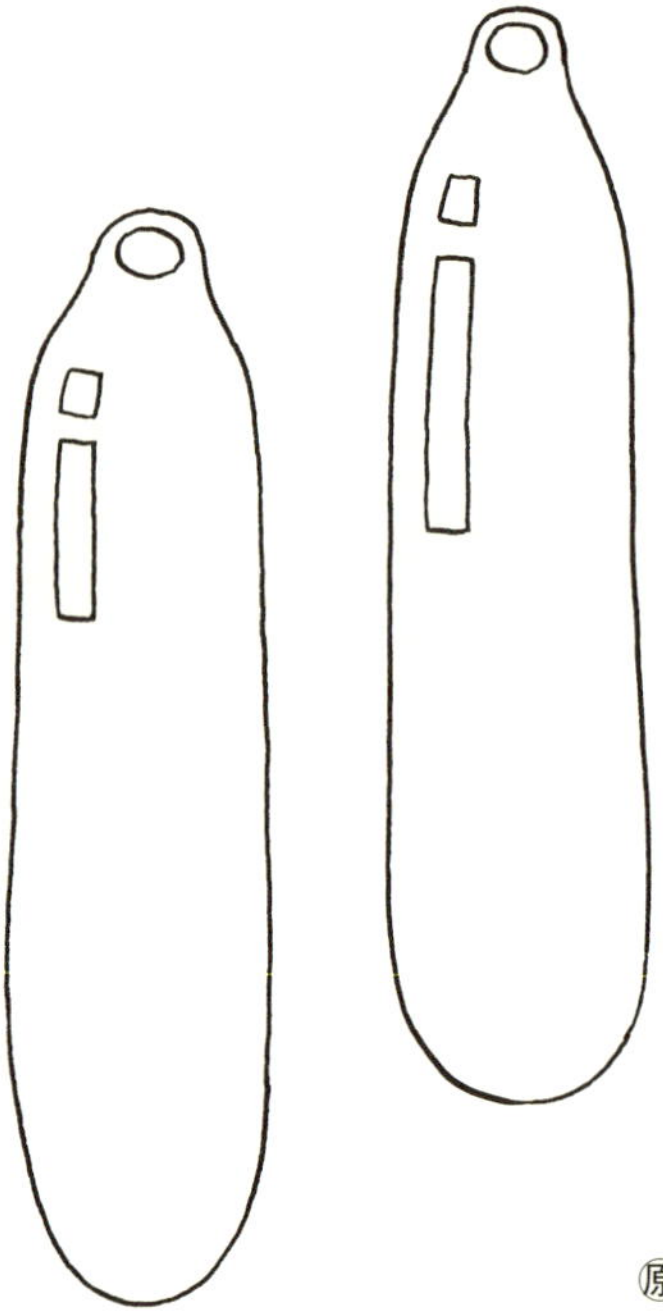

㊰

《オランダびんは、そっぴるまあとぺれぴしたあ（意味不明）の類。粉薬などの薬気が抜けないように密封したもの。フラスコと違い平生から箱などに収め、置き持ち運びに便利である。向こうから運ばれたものはガラスが厚くつくられている。その形には大小様々あって定まらず、価格は一個につき五匁ほどする。長崎でも製造されているが、ガラスが薄手で、一個につき二匁五分からさまざまである》

オランダから運ばれてきたガラスは、ソーダガラスである。これはヨーロッパでは古くからつくられており、珪素を含んだ砂に、ソーダ灰、石灰などを混ぜ合わせてつくる。

日本には最初、ポルトガル人がソーダガラスを運んできたが、鎖国になってその製法は途絶え、中国の鉛ガラスの製法が伝わった。

144　ヒユルテストロウクトミラフ（ひゆるてすとろうくとみらふ）

《これはオランダ人の蚊遣りの風炉《ふろ》である。かつてオランダ側からの注文により日本でつくり輸出したことがある。最近は同形をしたものが尾張などでも（瀬戸物）つくられる。普通の炉で蚊をいぶそうとすると、たいてい上方に煙りが登り、人のいるところには届かない。だから蚊が一向に去らないものである。この炉は中に薫ずるものを入れて、火をつけて蓋をすれば、煙りは下より出て、斜めに立ち登る。したがって少しの煙りで便利良く蚊を追い払ってくれる》

管見では、この蚊遣りについて論じたものは、『長崎聞見録』だけである。貴重な記録ではないかと思う。

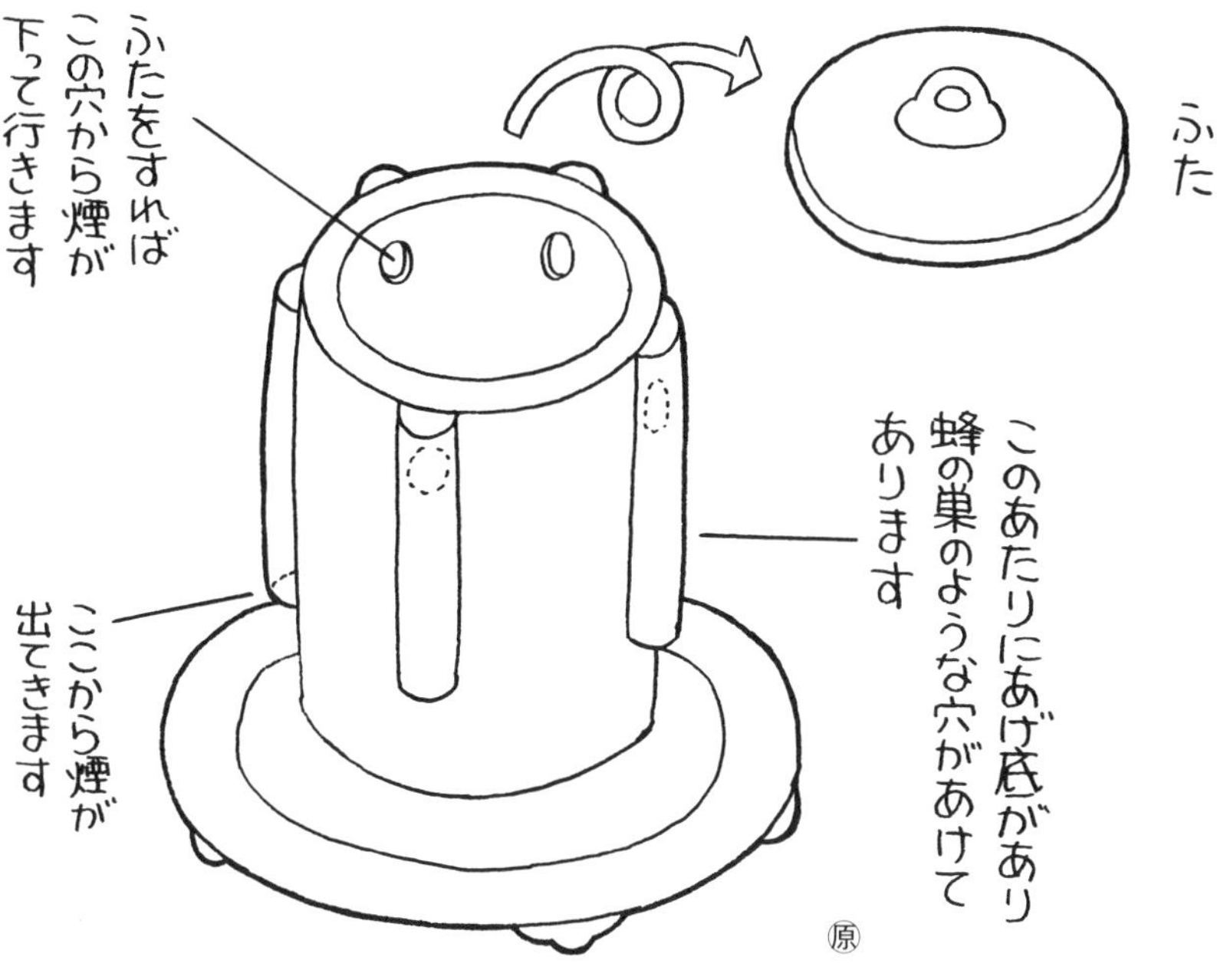
ふた
ふたをすれば
この穴から煙が
下って行きます
このあたりにあげ底があり
蜂の巣のような穴があけて
あります
ここから煙が
出てきます
原

145 新製《しんせい》遠《とう》眼鏡《めがね》

《最近工夫された新しい遠眼鏡で、これまでのものと比べると、格段に近く、しかも鮮やかに見える》

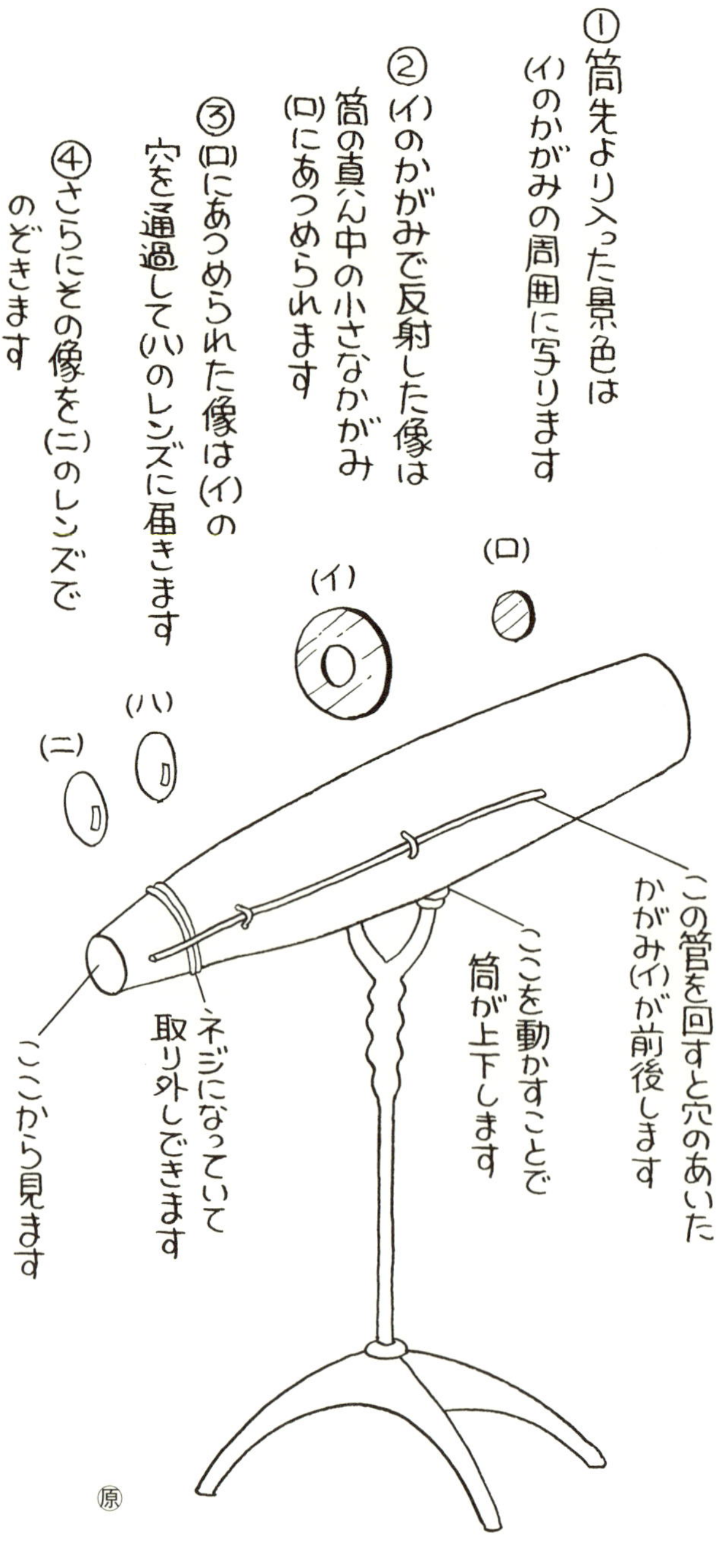

①筒先より入った景色は
(イ)のかがみの周囲に写ります
②(イ)のかがみで反射した像は
筒の真ん中の小さなかがみ
(ロ)にあつめられます
③(ロ)にあつめられた像は(イ)の
穴を通過して(ハ)のレンズに届きます
④さらにその像を(ニ)のレンズで
のぞきます
(ロ)
(イ)
(ハ)
(ニ)
この管を回すと穴のあいた
かがみ(イ)が前後します
ここを動かすことで
筒が上下します
ネジになっていて
取り外しできます
ここから見ます
原

当時、最新式の反射式望遠鏡である。広川は実際にこの望遠鏡を覗き、その性能におどろきの声を挙げている。『江戸時代の科学技術』*によれば、「江戸時代、望遠鏡に少し知識のある者は、正立像が見える地上用望遠鏡を遠《とう》眼鏡《めがね》、倒立像の天体用を星眼鏡《ほしめがね》、反射望遠鏡をオランダ語がなまったテリスコッペンと呼んで区別していた」とある。江戸の天文学者たちは、われわれの想像を超えて遥かに進んでいたと言わなければならい。

ここに描かれたものは、グレゴリー式反射望遠鏡で、当時長崎にもたらされたばかりの本邦初公開の図ではなかったかと思われる。（右頁の絵はかなり粗雑であるが、説明は的確である）

その倍率は数十倍と大きくなるが、その分、視野が狭くなるのは望遠鏡の宿命である。なお、我が国初のグレゴリー式望遠鏡はもう少し下って、天保五年（一八三四）、長浜の国友藤兵衛《くにともとうべえ》の手によって完成する（下図）。

それにしても広川は、こういう最新式の機器をいったい何処で目にしたのであろうか。興味は尽きない。

＊　市立長浜城歴史博物館『江戸時代の科学技術』平成十五年

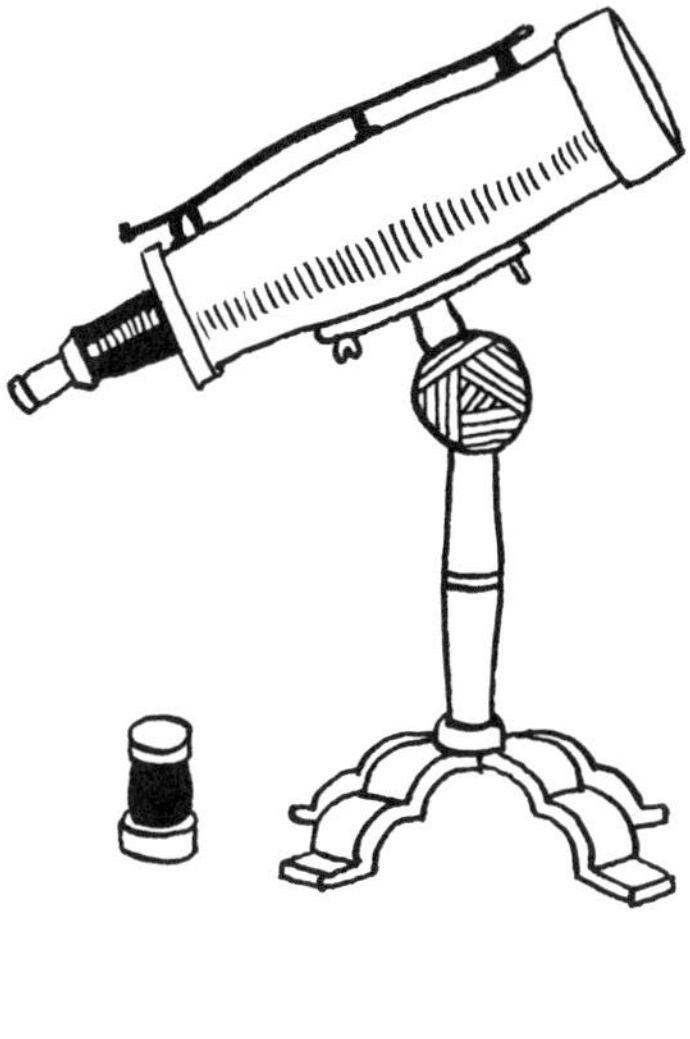

146

紅毛《こうもう》人《じん》外《げ》科《か》箱《はこ》の図

《すべて青地に金の金具が付いている。

図に見るように上蓋を開けて裏返すと、蝶番《ちょうつがい》があって内側に紙などが収容できる。その蓋を取り外した下には、重箱づくりで小さな軟膏入りの箱がいくつも並べてある。

その下段は左右に開くようになっており、色んな水薬が入る。さらなる下段には箱が二つあって、引き出しになっている。留め金を外して押せば、反対側から引き出しが取り出せる。この二つの引き出しには外科道具などが収納できる》

このような素晴らしい外科道具箱は、出島のオランダ人医師の持ち物であったと思われる。それを目にした広川は喉から手が出るほど欲しいと思ったに違いない。じつに細かく記録し、自分がつくるときの参考にしたのではないだろうか。京都に帰ってから日本人の細工師に同様な箱をつくらせて、それを誇らしげに持ち運ぶ広川の姿が目に浮かぶようだ。シーボルトが来朝する以前の話なので、彼は時代の最先端に立っていたのである。

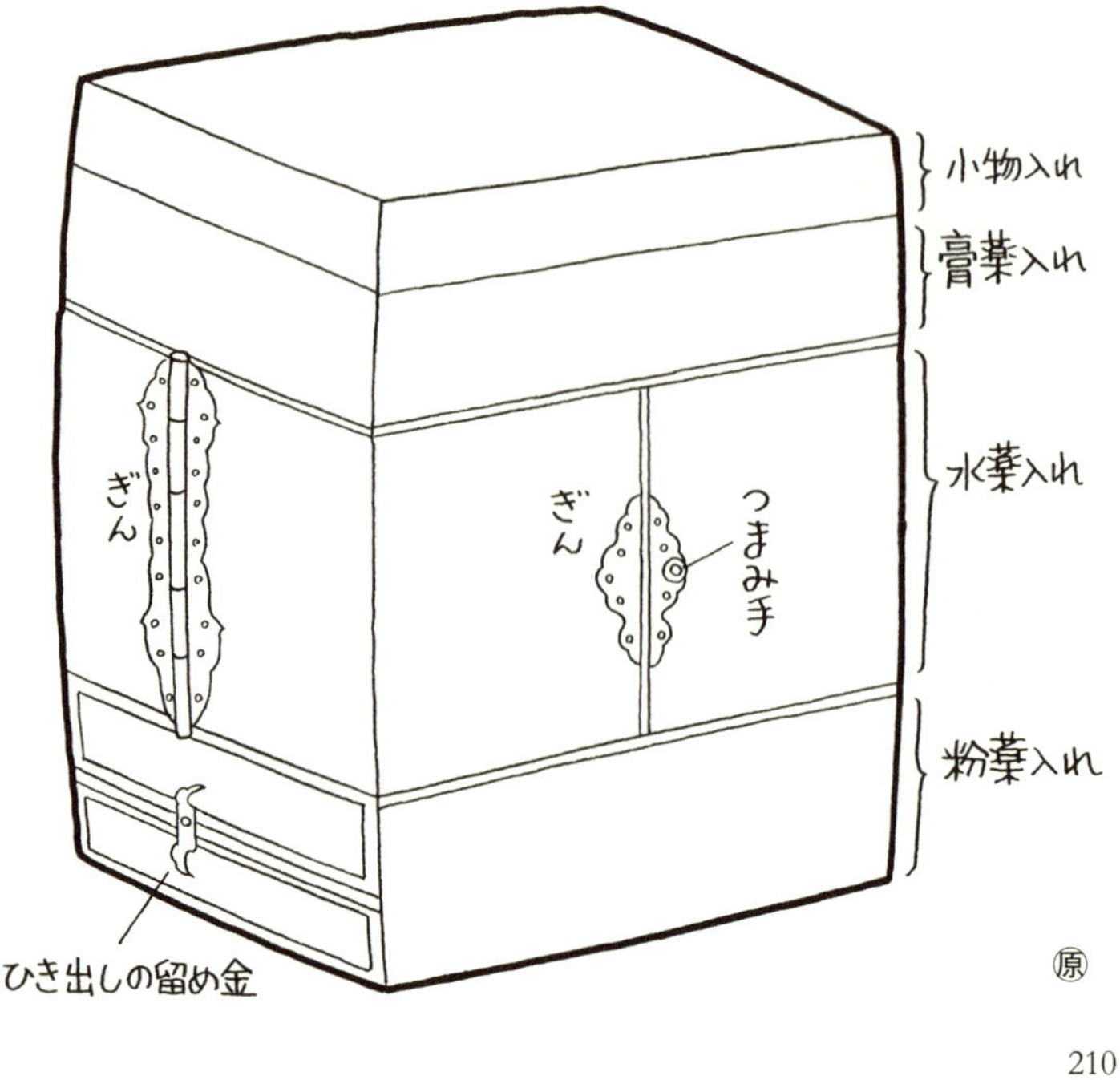
小物入れ
膏薬入れ
水薬入れ
粉薬入れ
ぎん
ぎん
つまみ手
ひき出しの留め金
原

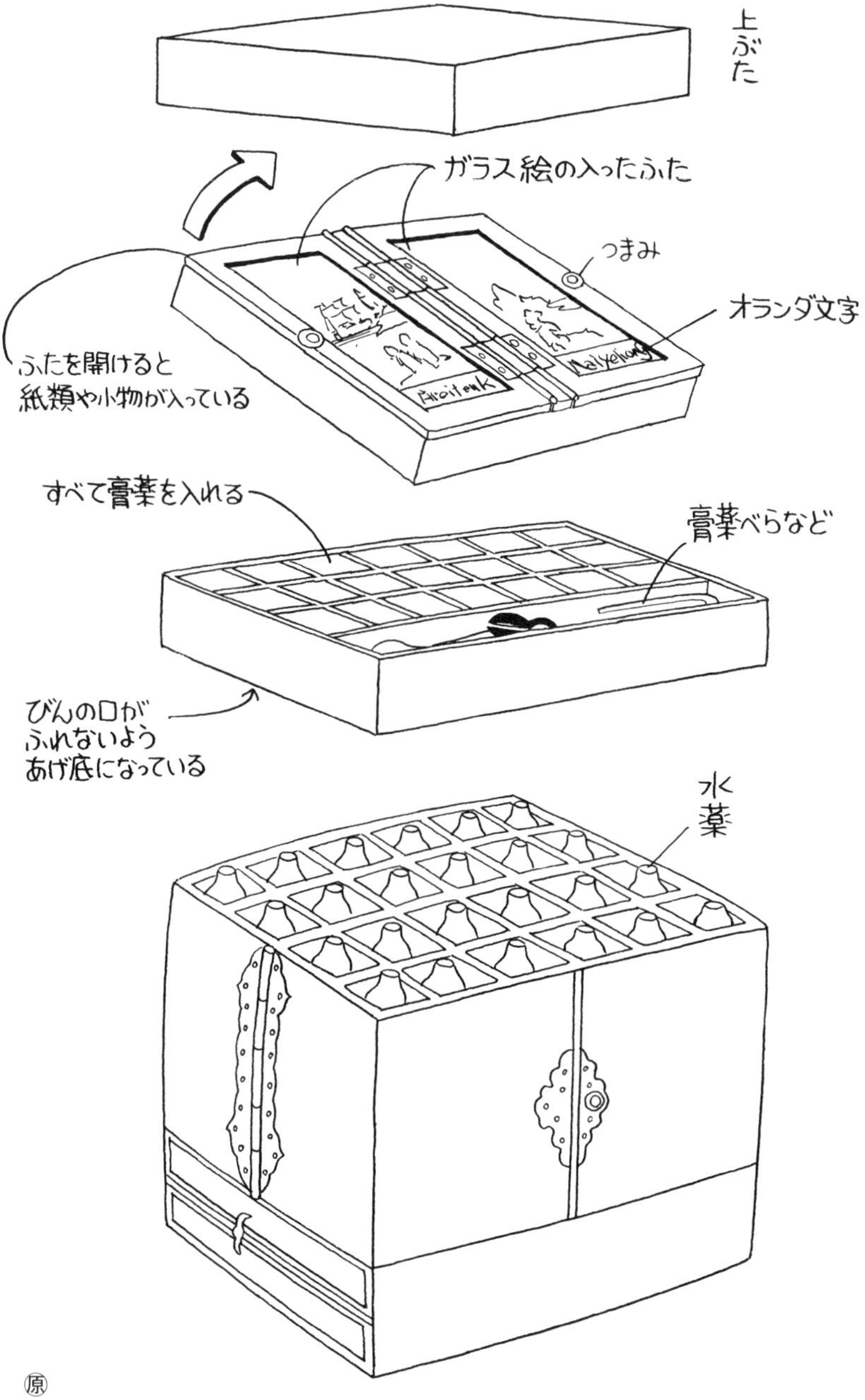

上ぶた
ガラス絵の入ったふた
つまみ
オランダ文字
ふたを開けると
紙類や小物が入っている
すべて膏薬を入れる
膏薬べらなど
びんの口が
ふれないよう
あげ底になっている
水薬

㊟原

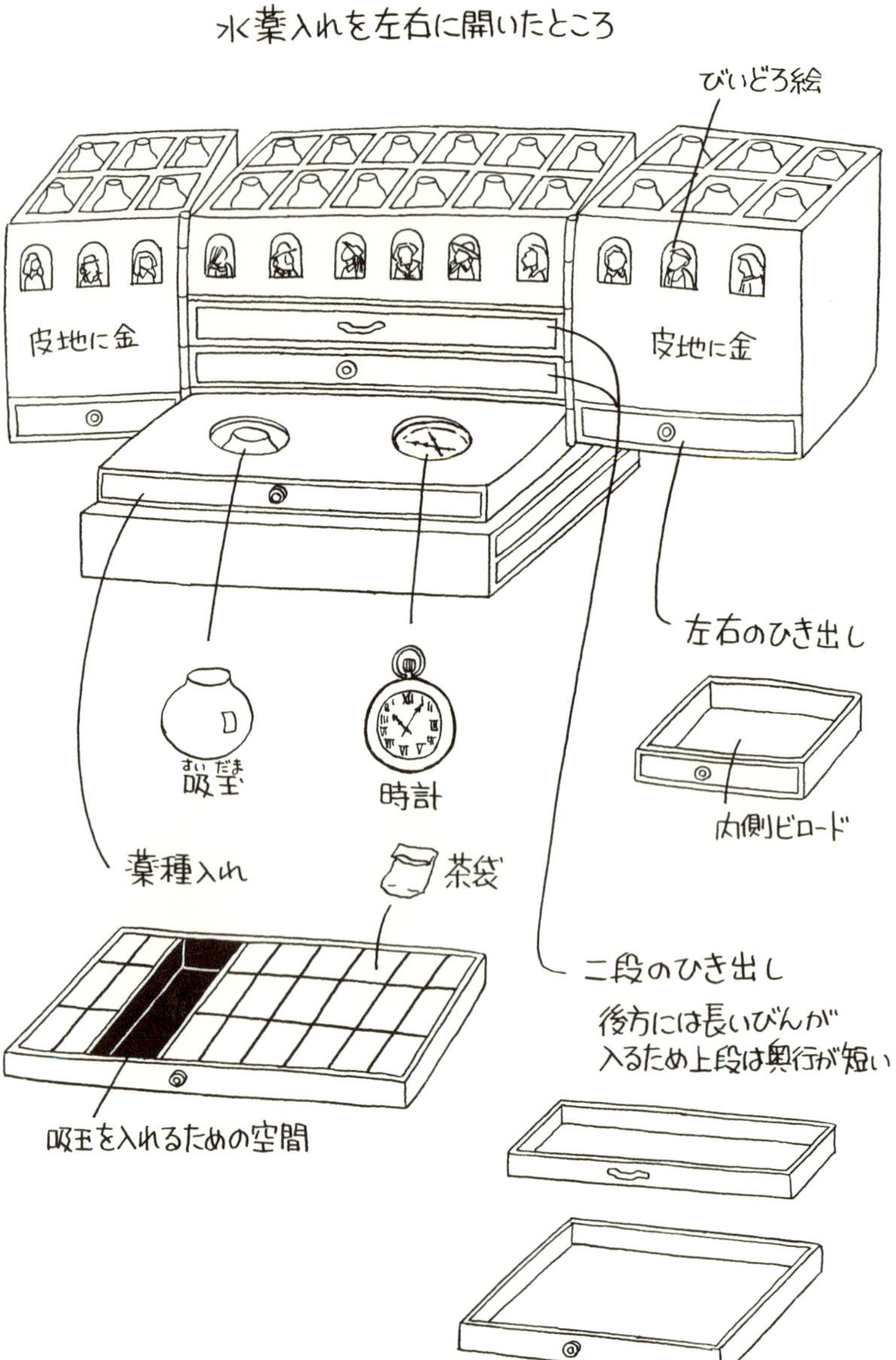
水薬入れを左右に開いたところ
びいどろ絵
皮地に金
皮地に金
左右のひき出し
内側ビロード
吸玉《すいだま》
時計
薬種入れ
茶袋
二段のひき出し
後方には長いびんが
入るため上段は奥行が短い
吸玉を入れるための空間

㊒原

あとがき

広川獬《ひろかわかい》は生没年不詳の人である。いつ生まれ、何歳で亡くなったのか分からない。

日本洋学人名事典によれば、阿波の人で、字《あざ》は子典、号は広門・瑤池斎・龍淵と称し、獬が名である。華頂親王の侍医をつとめ、京都柳馬場錦小路北に住んでいたというくらいしか分かっていない。

彼の著書で比較的遅いものは『蘭例節用集』で、文化十二(一八一五)年に私家版として出されている。これは彼が長崎から帰ってから十七年後になる。ということから察すれば、普通に考えて彼の長崎遊学は、いわゆる働き盛りの円熟期に当たっていたと考えて間違いないだろう。

広川は『長崎聞見録』の序文の中で、自分には「華蛮の癖」があると告白している。この華蛮の癖というのは、中華・南蛮のみならず、世界のことを知ろうとする好奇心のことである。

実際、彼は長崎が生んだ天文地理学者、西川如見の『増補華夷通商考』に、かなり影響されている。この書こそが日本で初めて世界の五大陸の情報を満載したものであり、江戸蘭学の祖と祀られている新井白石の世界知識と比べてみても決して遜色《そんしょく》はない。それどころか江戸の人々に与えた影響について言えば、白石のそれをはるかに凌駕《りょうが》している。

私もかつてこの『増補華夷通商考』のあまりの面白さに惹かれて、それを目で見て楽しめるように「漫訳《まんやく》(漫画に翻訳すること)」してしまったことがある。

そのときのタイトルは『江戸の世界聞見録』(蝸牛社一九九五年)とした。そのわけは、筆者は当時すでに広川獬の『長崎聞見録』も合わせ読んでいて、頭の中では如見の『江戸の世界聞見録』と広川の『江戸の長崎聞見録』とを対にして仕上げたかったからである。

『江戸の世界聞見録』には東大名誉教授、西川治先生が「よみがえる世界の如見先生」という題で、素晴らしい解説を書いて下さった。

しかし、人生はなかなか思い通りには運んでくれない。『江戸の世界聞見録』は、再版に漕ぎつける前に出版社の経営が変わってしまい、自分の望みはアッという間に潰えてしまった。そして広川の『江戸の長崎聞見録』の方はと言えば、宙に浮いたまま、ある時期を長い間、別の出版社の机の中に眠っていた。

これはその頃のエピソードであるが、日蘭学会会長だった金井圓《まどか》先生が、私の『江戸の長崎聞見録』が読みたいというので、分厚いコピーを提出したところ、なんと誤りの個所や、ここはこうした方が良いだろうという細かい指示をびっしりと書き入れたものを、返却して下さりビックリしたことがある。という訳で、『長崎聞見録』の解説は金井先生にという心積もりでいたのであるが、それから程なく先生は故人となられ、私には消すに消されぬ悔いと、お先真っ暗の未来だけが残された。

それから十年以上の歳月が流れ、今回、『江戸の長崎聞見録』が『江戸の〈長崎〉ものしり帖』とタイトルも新たに日の目を見たのは、私にとってこの上ない喜びである。

ようやく長崎遊学という言葉も浸透しはじめた昨今である。その研究は蘭学が江戸にはじまったのではなく、長崎からはじまったという当たり前のことを確認する上でも欠かすことができない。そのために小著が少しでも役に立てば幸いである。

今回の編集にあたっては弦書房の小野静男氏のアイデアや後押しが不可欠であった。この場を借りて深く感謝の意を表したい。

二〇一一年七月

松尾龍之介

〈著者略歴〉

松尾龍之介（まつおりゅうのすけ）

昭和二十一年、長崎市生まれ。

昭和四十四年、北九州市立大学外国語学部卒。

昭和四十六年、上京。

漫画家・杉浦幸雄に認められる。主に「漫画社」を中心に仕事をする。洋学史学会々員。

〔主な著書〕
『漫画俳句入門』（池田書店）
『江戸の世界聞見録』（蝸牛社）
『なぜなぜ身近な自然の不思議』（河出書房新社）
『マンガＮＨＫためしてガッテン―わが家の常識・非常識』（青春出版社）
『マンガ版ママの小児科入門』（法研）
『長崎蘭学の巨人―志筑忠雄とその時代』（弦書房）
『長崎を識らずして江戸を語るなかれ』（平凡社）

江戸の〈長崎〉ものしり帖

二〇一一年八月一五日発行

著　者　松《まつ》尾《お》龍《りゅう》之《の》介《すけ》
発行者　小野静男
発行所　弦　書　房
（〒810・0041）
福岡市中央区大名二―二―四三
ＥＬＫ大名ビル三〇一
電　話　〇九二・七二六・九八八五
ＦＡＸ　〇九二・七二六・九八八六

印刷　アロー印刷株式会社
製本　篠原製本株式会社

ISBN978-4-86329-061-7 C0021